Jacqueline de Romilly est professeur de grec ancien. Elle a enseigné dans différents lycées, puis à la faculté de Lille, à l'École normale supérieure, à la Sorbonne. Elle a été la première femme professeur au Collège de France et la première femme membre de l'Académie des inscriptions et belles-lettres. Elle a été élue à l'Académie française en 1988.

Ancienne élève de l'ENS, agrégée de l'Université et docteur d'État, Monique Trédé dirige le Centre d'études anciennes de l'École normale supérieure de la rue d'Ulm. Elle est notamment l'auteur d'une *Histoire de la littérature grecque*.

JACQUELINE DE ROMILLY

de l'Académie française

MONIQUE TRÉDÉ

Petites leçons sur le grec ancien

STOCK

© Éditions Stock, 2008.
ISBN : 978-2-253-12912-7 – 1re publication LGF

« Un langage sonore aux douceurs souveraines.
Le plus beau qui soit né sur des lèvres humaines. »

André Chénier, *L'Invention*.

Avant-propos

On ne célébrera jamais assez les mérites de la culture de la Grèce ancienne et l'influence que cette culture a exercée sur la nôtre. Mais la splendeur même des textes, que livrent des traductions aussi exactes que possible, subjugue le lecteur et fait que l'on s'est rarement intéressé à ce que doit cette littérature à la langue grecque elle-même, telle qu'elle s'est constituée au fil du temps, offrant aux poètes et aux prosateurs un instrument sans pareil que leur envièrent les Romains.

C'est des qualités exceptionnelles de cette langue qu'il sera ici question, non pour en enseigner les formes et les règles, mais pour en dire les beautés. Nous avons voulu, à partir de quelques exemples, rendre sensibles les finesses qu'avec ses procédés si particuliers le grec apportait à l'expression, et tenter d'expliquer ainsi son extraordinaire influence, sa diffusion dans un vaste domaine géographique, et la manière dont cette langue a marqué de son empreinte la plupart des langues d'Europe, à commencer par le latin, dans la suite des siècles.

Nous pensons que les particularités – la précision, la subtilité nuancée – du grec ancien peuvent expliquer en partie les réussites intellectuelles des œuvres de la littérature grecque ; et ce fait suggère également, de façon plus générale, l'importance que revêt une expression à la fois souple et précise pour l'épanouissement et l'éclat d'une civilisation, et ce dans tous les temps.

1

L'étrange vitalité d'une langue morte

Ceux qui s'emploient à écarter de l'enseignement, en France ou ailleurs, l'étude de la langue grecque, s'imaginent volontiers qu'il s'agit simplement de la langue employée dans un tout petit pays qui avait perdu son indépendance dès avant l'ère chrétienne et que cette langue n'eut d'existence que dans un passé lointain. On ne saurait commettre d'erreur plus complète. La langue grecque présente en effet cette particularité de n'avoir jamais cessé, depuis la plus haute Antiquité, de se répandre à travers le monde entier, sans être jamais imposée par une autorité politique quelconque. Le fait a déjà été signalé ; mais il est important d'en prendre vraiment conscience et de mesurer, dès que l'on veut parler de cette langue, les façons diverses dont, selon les époques, se sont faites ces conquêtes – ou reconquêtes – de la langue qui ne correspondaient pas à des conquêtes militaires.

Tout émerveille dans les divers temps de la diffusion du grec qui n'a cessé de s'imposer dans des parties du monde fort différentes et éloignées les unes des autres. Si l'on remonte à l'origine et à l'installation des Grecs en Méditerranée orientale, on remarque déjà un premier fait : ils se sont installés par petits groupes, indépendants les uns des autres, même si certains ont acquis à telle ou telle époque une puissance supérieure à d'autres. En général ils ont constitué des États indépendants, pouvant conclure des alliances entre eux, mais gardant chacun sa souveraineté propre. On peut alors parler *des Grecs*, déjà répandus assez largement dans le bassin méditerranéen, mais on ne peut pas encore dire qu'il y eut alors *une Grèce*. De toutes les œuvres qui ont été écrites en grec, la première, celle d'Homère, racontant la guerre des Grecs contre Troie, nous montre des forces groupées sous un même commandement mais comportant des contingents venus souvent d'assez loin : du Péloponnèse, de la Grèce du Nord, non seulement de la péninsule grecque mais d'une île distante comme Ithaque d'où venait Ulysse, non loin de la Corfou actuelle, et même de Crète ou de régions avoisinantes. D'emblée on constate donc, en ces premiers temps de l'histoire grecque, une tendance à l'expansion sans que se forme pour autant une véritable unité politique, bien que tous ressentent une parenté qui se traduit par la langue et la culture. Et cela allait se poursuivre. L'autre épopée d'Homère, l'*Odyssée*, nous montre son héros,

Ulysse, parcourant pour rentrer chez lui toute la Méditerranée, traversant des régions inconnues et parfois peuplées de monstres. Ses errances le mènent vers la Tunisie, la Sicile, et traduisent toujours le désir d'aller plus loin et de connaître le monde dans sa diversité. Ce fait prépare d'une certaine façon l'étape suivante qui fut extraordinairement caractéristique. Elle s'étend, en gros, du VIIIe siècle au VIe siècle avant notre ère. C'est l'époque de la formation des cités dont nous connaissons l'histoire ; c'est surtout, du point de vue qui nous intéresse, l'époque de ce que l'on a appelé la « colonisation ». Mais cette « colonisation » n'a rien de commun avec le sens qu'a pris ce terme dans notre monde moderne : la « colonisation », en ces premiers temps de la Grèce, n'était nullement une domination politique sur une région que l'on entendait adjoindre à sa patrie pour l'agrandir ; c'était, en quelque sorte, un changement d'habitat : des groupes de citoyens, en désaccord avec le régime politique de leur cité, désireux de trouver de nouvelles terres à exploiter ou simplement curieux et amateurs de changement, partaient courir fortune ailleurs. Ils cherchaient un lieu qui pût leur convenir, trouvaient un accommodement avec la population vivant sur place, ou bien ils l'écartaient et s'installaient avec leurs dieux, leurs traditions et *leur langue* dans cette nouvelle patrie, indépendante de la mère patrie. Certaines de ces installations restèrent de simples comptoirs, d'autres devinrent de grandes villes, de grands centres de culture, d'échanges, de commerce et, naturellement, des lieux d'où se répandirent la langue et la culture grecques.

Et voilà nos Grecs qui, sans véritable désir de conquête, s'installent bientôt partout sur les bords de la mer Noire et de la Méditerranée, sur toutes les côtes, répandant partout leur langue. Ce n'est pas ici le lieu d'énumérer toutes leurs installations ; mais pour nous limiter à ce qui nous touche de plus près, comment ne pas descendre de là où nous avons laissé Ulysse pour constater que toute l'Italie du Sud est peuplée de Grecs, à telle enseigne qu'on appelle très souvent cette région la « Grande Grèce » ? Citons des noms au hasard : Sybaris, Crotone, Tarente, sans compter Naples et la Sicile, bien sûr, où les Grecs s'établirent fortement et fondèrent de vastes cités appelées à jouer un grand rôle dans l'Histoire. Il y eut, bien entendu, Syracuse ; mais il y eut aussi toutes ces villes fameuses dont nous connaissons encore aujourd'hui les noms et quelquefois des restes archéologiques importants : Sélinonte au sud-ouest de l'île, Mégara Hyblaea, Catane sur la côte est et, à l'autre bout de l'île, à l'ouest, Ségeste. Ces fondations intervinrent à des dates différentes et furent le fait de groupes ethniques différents. Mais ce sont autant de lieux où nous voyons le grec s'imposer, puis se répandre. Nous pouvons reprendre le tour de la Méditerranée en rejoignant notre pays de France où nous trouvons les noms de villes grecques comme Nice, Antibes, Agde et Marseille

(Massalia) : autant de jalons pour le grec. De même, sur la côte espagnole, les Grecs fondèrent des colonies ; ils franchirent même le détroit de Gibraltar et ont laissé un nom bien grec à la montagne de l'Afrique occidentale, l'Atlas, nom du héros grec qui supportait le monde sur ses épaules et qui donna aussi son nom à l'océan voisin, l'océan Atlantique ! La région du Maghreb est moins riche en colonies grecques, et l'on sait que les villes grecques de Sicile eurent à lutter contre les habitants de Carthage, fondation phénicienne située au fond du golfe de Tunis, au nord-est du Maghreb. Mais la Tunisie est riche de restes grecs et, plus loin encore, la Cyrénaïque, sur la côte de la Méditerranée, au nord de l'actuelle Libye, fut un temps une région marquée par une culture grecque très développée. Et en Égypte, où voyagèrent beaucoup de Grecs célèbres, comment oublier la colonie grecque de Naucratis qui fut un relais influent, en attendant que les successeurs d'Alexandre installent dans ce pays, à Alexandrie, une cité grecque, une bibliothèque grecque, et que s'impose la langue grecque.

Nous voici ramenés ainsi aux régions de l'Asie mineure d'où tout était parti et d'où le grec s'est étendu au cours des siècles. Si l'on ajoute à cela les colonies grecques de la mer Noire, on commence à comprendre comment, sans guerre de conquête, sans organisation politique unifiée, la culture et la langue grecques ont pu se répandre si largement, tant vers l'est que vers l'ouest. La langue grecque n'était plus la langue d'une petite péninsule de quelques milliers de kilomètres carrés, elle s'étendait partout et introduisait de l'unité dans ce monde ancien.

Certes, le phénomène est important et nous avons largement dépassé ici les limites chronologiques de ce que l'on appelle « l'époque de la colonisation ». Comme on le voit, la « colonisation » ainsi entendue était dans l'esprit grec et nous conduit déjà vers l'avenir. Il faut pourtant s'arrêter d'abord à ce Ve siècle qui fut le grand moment de la culture athénienne, puis à ce IVe siècle qui vit l'expédition d'Alexandre porter le grec encore beaucoup plus loin.

Si l'hégémonie athénienne n'étendit pas la zone d'expansion du grec, il nous faut tout de même en dire quelques mots, parce qu'elle contribua fortement à réaliser l'unité culturelle de ce monde morcelé. Athènes, après ses victoires dans les guerres médiques, en 490 et 480 avant J.-C., et avec son régime politique tout neuf, la démocratie, qui se stabilise exactement à la même époque, exerça une souveraineté très large sur beaucoup des peuples grecs qui avaient participé à la guerre contre les Perses. Peu à peu elle transforma cette hégémonie en une sorte d'empire : elle recevait les contributions financières de ses alliés et exerçait seule la souveraineté militaire. Mais ce qui compte à nos yeux c'est que, devenant ainsi comme un centre pour la Grèce, elle vit venir à elle toutes sortes de spécialistes, des intellectuels, des artistes originaires de toutes les villes grecques, et en particulier

des villes du Nord, ou de Sicile. Un bon exemple
est celui des sophistes, qui jouèrent un grand rôle
à Athènes dans la démocratie triomphante du
« siècle de Périclès ». Des deux plus célèbres, l'un,
Gorgias, venait de Leontinoi, en Sicile, et l'autre,
Protagoras, d'Abdère, au nord de la mer Égée, près
de l'actuelle Thessalonique. Les fêtes d'Athènes,
nombreuses, attiraient des foules d'étrangers ; on
se connaissait, on se parlait, et l'unification culturelle commençait à se faire réalité par les échanges
ainsi multipliés. Et par un juste retour, les œuvres
d'Athènes et la gloire d'Athènes se répandaient
dans ces colonies lointaines où elle envoyait ses
artistes et où étaient jouées ses tragédies. On se
rappelle que les Athéniens prisonniers à Syracuse
obtenaient leur liberté s'ils pouvaient réciter à leurs
vainqueurs des chœurs d'Euripide, le grand poète
athénien, qui lui-même finit sa vie à la cour
d'Archélaos, le roi de Macédoine, grand amateur
de tragédie athénienne ! Cette unification culturelle est rendue sensible par une décision lourde
de sens : à l'époque de Périclès, on décide de fon-
der une nouvelle colonie ; mais il s'agit – et c'est là
une belle nouveauté ! – de colonie panhellénique,
où les diverses cités grecques envoient chacune des
ressortissants pour vivre ensemble ; c'était la ville
de Thourioi – proche de l'antique Sybaris –, dont
le sophiste Protagoras rédigea les lois et dont l'historien Hérodote voulut devenir citoyen.

Au cours de ces mêmes années, se préparait
encore une autre unification qui, elle, concerne

directement la langue : bientôt, les dialectes corres-
pondant aux diverses branches de la race hellénique
se fondirent en une seule langue appelée, de façon
révélatrice, la *koinè*, la « langue commune ».

En ce IVe siècle, déjà la prépondérance athénienne
s'achevait et les regards se portaient sur la Macédoine qui devait donner au monde le conquérant
Alexandre. Après la « colonisation », voici donc un
nouveau mode d'extension de la langue grecque et
qui semble contredire nos affirmations précédentes,
puisqu'il s'agit d'une conquête, et quelle conquête !
Car non seulement la plupart des États grecs furent
soumis, mais Alexandre parcourut tout l'Orient
jusqu'aux confins de l'Inde. Comment oser alors
prétendre que le grec ne fut pas imposé par la
conquête ? En fait, Alexandre n'avait pas la
volonté d'imposer sa culture aux peuples qu'il sou-
mettait ; il concluait avec eux des alliances – de
l'alliance politique jusqu'au mariage –, et sans
doute la caution de l'autorité politique suffisait-elle
à donner aux peuples des pays traversés le goût de
la culture grecque, sans exiger qu'ils modifient en
rien leur mode de vie. Ainsi la Grèce avançait avec
lui, avec les troupes de ceux qui l'accompagnaient
parmi lesquels on trouvait des écrivains et des philosophes.

Nous mesurons mieux encore aujourd'hui
l'extraordinaire extension de l'hellénisme vers
cet Orient lointain grâce à diverses découvertes
récentes. Nous n'en citerons ici que quelques
exemples parmi les plus significatifs. À Ai Kha-

noum, au nord-est de l'Afghanistan, à l'extrémité orientale de la plaine bactrienne, les archéologues français conduits par Paul Bernard[1], qui dirigeait alors la Délégation archéologique française en Afghanistan, ont mis au jour une ville grecque avec son théâtre et son gymnase ; ils y découvrirent deux inscriptions dont l'une établit la pénétration de la morale delphique jusqu'à ce poste avancé de l'hellénisme. Le même Paul Bernard a pu retrouver dans une salle, envahie par les sables, du grand palais gréco-indien d'Ai Khanoum, les traces d'un papyrus qui avait pourri en laissant sur le sable, sans aucun autre support matériel, les traces d'encre des lettres. Merveille ! On distinguait à peine dans les angles les traces de fragments de papyrus, mais on pouvait encore lire le texte qui était en grec : c'était le texte inédit d'un philosophe grec, disciple d'Aristote, qui avait accompagné Alexandre dans son expédition ! Une autre découverte, plus récente, une inscription sur pierre, nous fait découvrir Sophytos, un personnage de ce lointain Orient, qui, parti voyager à la suite de la ruine de sa famille, revint chez lui fortune faite et rédigea en grec un poème commémoratif qu'il fit inscrire sur une stèle ; cet homme de Sogdiane y raconte son aventure en vers grecs où abondent les souvenirs d'Homère ; il avait donc tenu à s'exprimer dans la langue et les habitudes littéraires de

---

1. Cf. P. Bernard, *Fouilles d'Ai Khanoum I*, Paris, Klincksieck, 1973 ; sur la base inscrite trouvée dans l'*hèroôn* de Kinésias, voir p. 108.

cette Grèce si éloignée... De même, en Égypte, dans l'ancienne ville de Kysis – l'actuelle Tell el-Douch –, l'un des postes égyptiens les plus avancés dans le sud du désert, au fin fond de l'oasis de Kharga, on a retrouvé des vers homériques que composait un maître d'école grec pour ses élèves !

De tels exemples font rêver. Ils sont en tout cas révélateurs de la diffusion de la langue qui accompagna la conquête sans être pour autant imposée par le conquérant.

On notera au passage que nous avons évoqué des « inscriptions » : de fait, le souci de tout inscrire ou graver sur la pierre, pour laisser à la postérité la mémoire des événements, est encore un trait du caractère grec. C'est ainsi que l'on trouve, à travers un monde qui va de Gibraltar à la Chine des inscriptions grecques relatant des histoires locales, inscriptions qui n'ont pas fini de livrer leurs trésors aux savants.

Ces deux grands moments que sont la « colonisation » d'abord et les campagnes d'Alexandre ensuite représentent bien l'élan de diffusion de cette langue qui peu à peu parcourut le monde sous l'action des Grecs eux-mêmes. Il est temps maintenant d'envisager une autre source de diffusion qui devait prendre la suite et répandre le grec au moment même où la puissance des Grecs décline. Car la puissance grecque cède bientôt le pas à la puissance romaine, et l'on pourrait donc penser que la diffusion du grec s'arrête. Or il n'en est rien ! Le grec résiste à la conquête romaine.

Rome, en effet, triompha et soumit la Grèce. Mais alors se produisit un phénomène saisissant : selon la formule célèbre, « la Grèce conquise conquit son farouche vainqueur ». Les Latins se mettent à découvrir et imiter les écrivains grecs ; ils pensent que, pour se développer harmonieusement, il faut emprunter aux auteurs grecs et, avant tout, parler grec. À Rome, les hommes cultivés, les hommes politiques, parlaient tous grec. Et l'on a abondamment cité le cas de César s'adressant à Brutus en grec si l'on en croit Suétone. Du coup, le grec ne conquiert pas seulement le Latium ou l'Italie : Rome acquiert bientôt un vaste empire, et l'on voit dans cet empire l'ordre romain se répandre et, avec lui, la langue et la culture grecques. Il en sera ainsi pendant toute la durée de l'Empire romain. On s'efforçait alors d'imiter les Romains de la grande époque, c'est-à-dire des temps de la République, et c'est ainsi que le grec a pénétré la langue et la littérature latines et, progressivement, de façon plus ou moins profonde selon les cas, presque tous les pays de notre Europe actuelle. Le latin et le grec forment dès lors, pour tous ces peuples, ce que l'on peut appeler un « patrimoine antique ». Et l'on peut ajouter que nos langues modernes ont souvent hérité du latin des mots qui sont en réalité « grecs ». La Grèce avait ouvert la voie, découvert, décrit, défini. Associée au latin, elle pénètre, sans même que l'on s'en rende compte, des pays où la culture gréco-romaine s'impose progressivement.

Mais l'empire romain lui-même a une fin. Devant la progression des invasions barbares, il faut l'admettre, la culture gréco-latine tend à disparaître. Mais, ne l'oublions pas, il reste l'empire romain d'Orient ; il reste Byzance où l'on parle encore grec ! Ce grec, sans doute, n'est plus tout à fait celui de l'époque classique, mais enfin c'est toujours du grec. Et le monde byzantin est un monde qui se rattache à l'héritage classique. On parle même d'un premier « humanisme byzantin » pour le Xe siècle de notre ère ; l'expression atteste la tendance de ce passé grec à refaire surface et à reprendre par moments de la vigueur. Sans nul doute les pays d'Orient conservaient ce même attachement au grec ancien semé dans les siècles antérieurs...

Malgré tout, il faut bien le reconnaître, la fin de l'Empire romain marque la décadence de la culture et de la langue grecques. Avec les invasions des Barbares, tout change, et le grec ne se maintient guère que derrière les grilles de quelques monastères où sont pieusement recopiées les œuvres de la Grèce classique. C'est une flamme timide qui éclaire, par endroits seulement, les siècles du Moyen Âge.

S'il est vrai que Byzance restait le seul espoir de maintenir vivante cette langue, il se trouve qu'en 1453 Byzance, devenue Constantinople, est prise par les Turcs. On pourrait penser que tout est fini. Or, au contraire, tout commence !

En ce XVe siècle déjà, certains efforts pour retourner au grec se manifestent, en particulier à Florence. Voici Marsile Ficin qui traduit Platon et répand ses doctrines autour de lui. Voici Érasme à Rotterdam, qui exhorte l'Europe entière à apprendre le grec, et Guillaume Budé en France, qu'animent les mêmes curiosités et le même intérêt. Ces humanistes sont curieux de grec mais peu armés pour l'étudier. Or, à la suite de la prise de Constantinople par les Turcs, des Grecs émigrent de l'ancienne Byzance et se répandent en Occident. Parmi eux arrive en France, en 1476, celui qui fut le premier professeur de grec à Paris, Georges Hermonyme de Sparte – l'Université de Paris a fêté en 1976 le cinq centième anniversaire de sa venue. Certes, il enseignait mal et fut un piètre professeur pour Érasme, qui séjournait alors à Paris, ainsi que pour Guillaume Budé ; mais il avait des livres et pouvait ainsi – ô merveille – répandre autour de lui la connaissance du grec. Et celle-ci se répand en effet au cours du XVIe siècle, le siècle de la Renaissance. En 1530, est fondé le Collège de France, avec six professeurs dont deux professeurs de grec. Peu à peu, presque tous les auteurs grecs – en particulier philosophes et historiens – sont traduits, d'abord en latin, puis en français. De grands noms illustrent cet effort pour l'édition des textes grecs, comme celui d'Henri Estienne. Après 1550, paraissent les célèbres traductions de Plutarque par Amyot – traductions qui devaient avoir tant d'influence sur Montaigne. On voit aussi apparaître des éditions bilingues, en grec et en français, et les gens cultivés se mettent à apprendre le grec, même parmi les gens de cour, et même parmi les femmes ! Ce n'est pas ici le lieu de décrire cette extraordinaire effervescence, ni la portée qu'elle eut sur toute la suite de notre culture. Mais cette influence devait se faire sentir pendant plusieurs siècles. On sait qu'au XVIIᵉ siècle Racine annote de sa main des éditions de tragédies grecques. Et cet élan concerne bien d'autres pays que la France, et bien d'autres cultures que la nôtre.

Rappelons enfin, puisque nous avons mentionné les éditions de textes grecs, le rôle que joua la récente invention de l'imprimerie (vers 1440). Gutenberg contribua alors largement à la diffusion de la culture et à la circulation des langues. En effet, la rapidité avec laquelle l'enseignement du grec s'est répandu tient en partie à l'imprimerie. Et si le grec a profité des malheurs de Constantinople, il a aussi profité de cette innovation technique qui a servi sa diffusion. On peut se demander si la « révolution numérique » et la diffusion d'Internet auront, avec le temps, les mêmes effets... Cela n'en a pas encore pris le chemin, mais rien n'empêche d'espérer, ni de suggérer...

Quoi qu'il en soit, il faut se demander comment, entre l'invention de l'imprimerie et celle d'Internet, s'est manifestée la survie du grec. À vrai dire, il y eut des résistances. Des débats se sont ouverts, que l'on peut résumer sous le titre de « querelle des Anciens et des Modernes ». On s'est révolté contre l'idée que les œuvres antiques étaient toujours considérées comme supérieures à tout ; on a estimé qu'il y avait, dans l'ensemble, « trop de grec » ! Quelle qu'ait été l'issue de la querelle, elle souligne par sa seule existence l'importance prise par cette langue et cette culture, importance assez grande pour soulever de telles réactions. Cette querelle n'a pas suffi à arrêter la diffusion du grec qui a continué à être enseigné, et de plus en plus, en France, dans la plupart des pays européens et même dans le Nouveau Monde. Au cours du XXe siècle, cet enseignement a été ouvert aux femmes, multipliant d'un coup le nombre de ceux qui y avaient accès. Comment oublier que Giraudoux est un auteur formé et nourri par l'enseignement du grec donné dans nos lycées ? Et aujourd'hui, bien des œuvres de notre littérature s'inspirent de la Grèce. La Grèce, ses mythes, ses héros, sont encore à la mode...

Et pourtant... Faut-il vraiment conclure cette évocation des extraordinaires progrès de la langue grecque sur une note euphorique ? Depuis un demi-siècle, dans bien des pays, une crise touche les études classiques. Elle est grave, et dangereuse. Nous sommes nombreux à nous élever contre cette crise qui ne relève, en réalité, que de l'organisation de l'enseignement ; car, dans l'opinion, le grec a les faveurs de la plupart. Il faut donc lutter, et lutter fermement ! Si nous semblons entrer dans un nouveau Moyen Âge, si les spécialistes de langues anciennes, de plus en plus rares aujourd'hui dans nos Universités, évoquent irrésistiblement les copistes du XIIIe siècle ardents à maintenir la flamme derrière les grilles des monastères, nous pouvons au moins espérer que, tout allant plus vite que par le passé, la crise sera brève et bientôt révolue. En tout cas, on mesure, en voyant comment elle surgit, à la suite de tous ces élans de progrès, combien cette crise est absurde.

Quoi qu'il en soit, et pour nous en tenir à cette extraordinaire histoire des progrès de la langue grecque qui mène du XVe siècle avant J.-C. jusqu'au XXIe siècle, on ne peut que rester confondu devant la force de diffusion qu'a montrée cette langue à travers tant de crises et de renaissances.

Apparemment, tout a contribué à cette diffusion : le caractère des Grecs, curieux et entreprenants, mais aussi, par la suite, le fait qu'ils aient été en rapport avec des peuples dont la culture était moins avancée et qui étaient heureux de se rapprocher d'eux et de leur langue ; c'est le cas pour l'adoption du grec par les Romains, mais ce l'est aussi pour le désir de se rapprocher des textes grecs, qui s'est manifesté à la fin du Moyen Âge. Il y a donc plusieurs facteurs à cette diffusion. La variété même des explications possibles suggère qu'il y avait aussi dans la langue grecque des qualités particulières, une clarté, une netteté, une précision, qui contribuèrent largement à développer ce goût et dont ce livre a pour objet d'explorer la nature exceptionnelle. Mais il nous faut aussitôt préciser que cette langue a été façonnée par les Grecs au service d'une littérature, et que c'est avant tout cette littérature qui, éblouissant ses lecteurs, a donné à beaucoup de peuples le désir de mieux connaître le grec. La qualité de la langue grecque a contribué à la qualité des œuvres. Inversement, l'exceptionnel rayonnement des œuvres a prolongé la vie de la langue et le goût que, dans des lieux et à des moments si divers, on a vu chaque fois renaître pour elle.

Un exemple illustrera bien cet échange et ce double rayonnement. C'est celui de Lucien de Samosate, né en Syrie au IIe siècle de notre ère. Sa langue maternelle n'était pas le grec, il raconte qu'il l'apprit en classe. Il l'apprit si bien qu'il suivit des cours de rhétorique grecque et devint un écrivain grec célèbre, l'un de ceux qui par la suite devait charmer Érasme par son « atticisme », c'est-à-dire l'élégance et la concision de sa langue. À l'heure actuelle, il sert souvent d'exemple d'auteur pour ceux qui commencent l'étude du grec, parce qu'il représente un style parfaitement pur et limpide. Venu à la langue grecque depuis la Syrie où le grec s'était répandu et était la langue des lettrés, il sert aujourd'hui, par un juste retour des choses, à faire découvrir le grec ancien aux jeunes descendants de Gaulois qui vivent à des milliers de kilomètres de sa patrie. Pour la vitalité et la diffusion de la langue grecque, ce n'est pas là un mauvais exemple ! En même temps, cet exemple nous rappelle qu'on ne saurait parler de la diffusion du grec sans évoquer cette étroite alliance entre la langue et les œuvres, qui a tant fait pour cette diffusion même.

2

La langue et les œuvres littéraires

Il faut le reconnaître : la principale raison qui pousse nos contemporains à vouloir s'initier à la langue grecque est qu'elle permet d'avoir un accès direct aux textes littéraires nés dans la Grèce ancienne et qui se sont imposés à travers les siècles dans un mouvement d'invention et de renouvellement continu, et avec un sens de l'expression qui allie précision et beauté. L'argument est tout à fait recevable : ce que la Grèce a apporté à notre monde moderne, en inventant successivement presque tous les genres, presque tous les mythes et nombre de grandes doctrines philosophiques, suffit à le justifier. Mais la langue grecque n'est pas seulement un moyen pour accéder à ces textes eux-mêmes : son apport est plus subtil et plus profond. D'abord, on doit s'étonner de voir cette langue capable d'exprimer, dans des domaines aussi différents, tant de découvertes poétiques et philosophiques. C'est là sa gloire ! En même temps, il semble que l'élan qui entraînait les Grecs de découverte en découverte les ait conduits peu à peu, au fil de ces découvertes, à préciser et enrichir la langue qui traduisait les progrès de leur pensée. Avant d'aborder les traits distinctifs de cette langue, considérée en général, et d'en analyser les ressources, il convient donc de prendre conscience de ce double lien qui la lie à l'éclosion des œuvres.

C'est alors une série ininterrompue de découvertes et de renouvellements entraînant dans un même mouvement leur inspiration et son expression. Ainsi, chacun sait que la littérature grecque commence avec les épopées d'Homère, l'*Iliade* et l'*Odyssée* ; elle commence également avec bien d'autres épopées qui n'ont pas eu l'avantage – et peut-être est-ce légitime – d'avoir été conservées. Et l'on ne peut que s'étonner quand on pense à la richesse extraordinaire et à la variété des situations et des sentiments qui sont évoqués chez Homère : c'est la cruauté de la bataille et c'est aussi la vie douce du temps de paix ; c'est la violence, c'est la colère, et c'est aussi la douceur et l'affection ; on triomphe d'imposer la mort et l'on s'apitoie sur le deuil qui en résulte. Et s'il ne s'agit pas de combats sur terre, ce sont les aventures sur la mer, le contact avec les êtres irréels et avec les êtres réels, la rencontre de nymphes redoutables mais aussi de jeunes filles exquises comme Nausicaa, et le retour vers une épouse, inchangée dans sa longue patience. Ainsi, dès le départ, la langue grecque ancienne semble prête à mettre sous nos yeux, sous une forme simple, directe et vivante, les sentiments les plus variés. C'est là une différence notable avec les épopées des autres peuples.

Puisque c'est là le début, il est peut-être difficile de dire ce que la création de ces deux épopées a pu apporter à la langue grecque. Et pourtant, il faut se rappeler qu'elles se situent à la fin d'une longue série de récitations orales par des générations successives d'aèdes. C'est seulement à la fin du VIIIe siècle qu'elles furent mises en forme et fixées par l'écriture ; et cette mise en forme résultait d'un choix entre bien des épisodes distincts, toujours prêts à être repris et modifiés au fil de la création ininterrompue des aèdes. Cette création continue était facilitée par le fait qu'il s'agissait de poèmes répondant à des schémas métriques précis, exigeant attention et vigilance. D'autre part, il s'agissait, au cours de ces siècles, de récitation faite avec un accompagnement musical, ce qui impliquait un jeu de formules métriques, un rythme, facilitant le travail de la mémoire. Si donc l'épopée d'Homère se situe pour nous au tout début, il ne faut jamais oublier qu'elle est en réalité l'aboutissement de plusieurs siècles de composition orale transmise par la tradition. Le poète que nous appelons Homère aurait donc choisi parmi les épisodes et les aurait organisés en un tout. Avec lui, en quelque sorte, la langue commence à se fixer. Mais faut-il vraiment dire « fixer » ? La langue d'Homère est le résultat composite de cette longue maturation, elle est différente de la langue parlée. C'est une langue littéraire où se mêlent divers dialectes et des formules appartenant à des époques et à des lieux différents et qui se sont fondus au fil du temps.

Même en ce domaine, il faut donc se représenter une longue série de choix et de tâtonnements pour aboutir à cette combinaison d'éléments divers en un tout qui nous charme encore aujourd'hui. Et il faut ajouter que l'on a continué à modifier, corriger, ajouter, retrancher, jusqu'au moment où, à Athènes, deux siècles plus tard, sous Pisistrate (VIᵉ siècle avant J.-C.), une version du texte a été officiellement fixée. Que ce texte ait encore évolué depuis, parfois corrigé par des éditeurs différents, et ce jusqu'en notre temps, est une autre histoire qui ne concerne plus ni l'évolution de la langue ni celle de la création poétique.

En évoquant Pisistrate, nous abordons déjà l'époque des créations athéniennes et l'extraordinaire jaillissement des œuvres du Vᵉ siècle avant J.-C. Mais c'est aller trop vite en besogne ! Entre Homère et l'explosion du Vᵉ siècle, il y a eu des créations remarquables dans la poésie et la philosophie, en Ionie en particulier mais aussi dans tout le monde grec : le lyrisme, les débuts de la philosophie et des recherches sur la nature. Et là c'est un nouvel aspect de la langue : de nouveaux dialectes, une nouvelle prosodie, des sentiments plus directement exprimés, plus individuels, des poèmes plus brefs aussi, et plus variés. Il n'est pas question de faire ici une histoire de cette époque dans son ensemble ; il suffit de prendre trois exemples pour montrer l'importance et la diversité de ces créations dans le double domaine de la littérature et de la langue.

Le premier sera Sappho, qui témoigne de ce lyrisme des îles – Sappho est originaire de Lesbos – et de cette expression de sentiments personnels qui n'ont plus rien d'héroïque : on ne saurait oublier sa description de l'amour et des troubles physiques qu'il entraîne, description qui a inspiré de très près nos classiques et se trouve citée ou imitée dans nombre de textes du XVIIe siècle [1]. Et si l'on passe à une autre extrémité du monde grec, en Sicile, on trouve les poèmes d'Empédocle d'Agrigente qui, lui, se rattache à la tradition des philosophes cherchant à percer les secrets de l'être et de la nature, et évoquant toute une vie intérieure restée inconnue d'Homère. Enfin, si l'on se rapproche du Ve siècle, on voit surgir le Thébain Pindare avec ses grandes odes célébrant, dans le dialecte dorien, les victoires des athlètes aux jeux panhelléniques, et mêlant l'évocation de la gloire de ces exploits sportifs au souvenir des dieux qui accordent la victoire, à la mémoire des hauts faits des héros du passé, et à la célébration de la beauté du monde. Dans une strophe chantée pour une occasion précise – hymne glorifiant un dieu lors d'une cérémonie, chant de mariage comme les parthénées ou ode magnifiant l'exploit du vainqueur aux jeux –, la

1. Sur ce texte, voir notre chapitre 7, p. 120 *sq.*

majesté et la concision étaient de mise ; elles s'alliaient avec les tendances doriennes à un style dense et elliptique et ainsi nous font bien mesurer le renouvellement profond à l'œuvre dans des créations aussi diverses. La variété des genres s'ajoute alors à celle des origines géographiques, et l'on assiste à un renouvellement perpétuel des procédés lyriques, du ton des poèmes et du vocabulaire lui-même.

Pourtant, cette diversité cesse quand, vers la fin du VIe siècle et durant tout le Ve siècle, par un développement soudain et qui paraît irrésistible, la culture se concentre sur Athènes. Car, en ce siècle que l'on appelle parfois « le siècle de Périclès », on assiste à une éclosion sans précédent dans le domaine poétique et littéraire, ainsi que dans celui de la langue elle-même.

Tout converge désormais vers Athènes. Si Athènes n'invente pas le genre de la tragédie, on ne sait quasiment rien de ce que fut cette dernière avant l'épanouissement de la tragédie athénienne. De même, Hérodote n'était pas athénien, mais il vint à Athènes, y lut ses œuvres, se fixa dans la colonie de Thourioi et eut pour successeur et émule le plus grand historien athénien, Thucydide. Enfin, les grands sophistes ne furent pas des Athéniens – Gorgias venait de Leontinoi, en Sicile, et Protagoras venait d'Abdère, une cité tout au nord de la Grèce – mais c'est à Athènes qu'ils furent connus, écoutés, et qu'ils laissèrent un souvenir durable, inscrit à jamais dans des écrits athéniens et traduisant leur influence sur les auteurs athéniens. La prospérité matérielle d'Athènes, l'hégémonie puis l'empire qu'elle exerça sur la plupart des Grecs des cités maritimes, expliquent en partie ce rayonnement. C'est aussi l'époque des constructions de l'Acropole ! Mais, à la vérité, ce n'est pas tant ici une question d'influence, ni de puissance ou de richesse : dans une sorte d'élan créateur, les Athéniens s'emparent tout à coup avec curiosité et aussi avec passion de tout ce que la Grèce pouvait offrir ou suggérer, et ils en font des créations dont nous vivons encore aujourd'hui.

Cela se voit, de façon tout extérieure, si l'on considère l'ensemble des genres littéraires. C'est à Athènes, au Ve siècle, que naquirent véritablement et la comédie, et la tragédie, et l'histoire, et la rhétorique, et la philosophie politique et morale, au sens moderne du mot. Ce n'est déjà pas si mal ! Le résultat est un ensemble de créations et d'œuvres à peine croyable. Du coup, apparaissent tous les plus grands auteurs, ceux qui ont inspiré notre littérature jusqu'à aujourd'hui : voici, pour la tragédie, Eschyle, Sophocle et Euripide ; pour la comédie, voici bientôt Aristophane ! Voici, pour l'histoire, après Hérodote, l'Athénien Thucydide qui écrit l'histoire contemporaine de ce siècle exceptionnel qui fut le sien. Voici, pour la philosophie, Socrate, qui aborde chacun dans la rue, pose des questions, soulève des problèmes, émeut l'ensemble de sa cité avant d'avoir pour disciple Platon qui, plus tard, formera Aristote dans son école, l'Académie. Et commence l'élo-

quence, avec les premiers orateurs qui, soucieux
d'une méthode de démonstration rigoureuse, s'ini-
tient à l'art de renverser les thèses et arguments,
d'analyser une situation politique ou judiciaire. Un
tel élan, une telle moisson de chefs-d'œuvre sont à
proprement parler stupéfiants !

Naturellement, on peut dire que la langue
grecque s'est adaptée à ces nouvelles formes
littéraires, à ces efforts de réflexion, qu'elle a trouvé
les mots pour les idées, pour les sentiments qui sur-
gissaient alors. Cela se voit très nettement dans ces
divers domaines, avec une évolution sensible qui
mène d'une époque marquée par la religion et la
force prégnante du vocabulaire poétique à des discussions qui se veulent plus rationnelles et plus
strictement caractérisées par des préoccupations
intellectuelles. Dans le domaine de la tragédie, l'évolution est nette d'Eschyle à Sophocle, puis à Euripide, tout plein des problèmes politiques de la fin
du siècle. Pourtant, l'inspiration des grands chants
lyriques des débuts se retrouve encore dans nombre
de chants du chœur des tragédies de Sophocle et
Euripide. Aux débuts de la tragédie, chez Eschyle,
dans un style souvent heurté, toujours intense, et
plus heurté et plus intense encore dans les chants du
chœur, on voit se marquer la force des sentiments
qu'inspirent les dieux – terreur et respect tout
ensemble – et la violence que traduisent les combats
des hommes. Et cela dans un style à la fois dense et
éclatant, avec des heurts d'expression et même des
inventions de mots qui sont souvent d'une rare

audace. Eschyle a des comparaisons saisissantes :
ainsi, dans une vision étonnante, il imagine le dieu
de la Guerre, Arès, transformé en homme de la
petite banque, échangeant les morts comme on
change une monnaie :

« Arès, changeur de mort, dans la mêlée guer-
rière a dressé ses balances, et, d'Ilion, il renvoie
aux parents, au sortir de la flamme, une poussière
lourde de pleurs cruels – en guise d'hommes, de la
cendre que dans des vases on entasse aisément ! »
(*Ag.* v. 438-445.)

Ou bien, relatant la bataille même où Athènes
fut victorieuse des Perses, il décrit les marins
perses massacrés en pleine mer, jetés là « comme
s'il s'agissait de thons, de poissons vidés du filet »
que les Grecs « frappent, assomment, avec des
débris de rames ». Il invente encore quand, plein
de sévérité pour la belle Hélène à ses yeux respon-
sable de la guerre de Troie, il l'appelle celle « qui
eut plus d'un époux » (*polyanôr*) ou quand il prête
à son nom une étymologie cruelle et gratuite, en
déclarant qu'Hélène est « celle qui détruit les
navires » (*hélé naus*). De telles images contribuent
à l'enrichissement de la langue, lui donnent une
force nouvelle et un relief exceptionnel. Souvent
même le poète enrichit la langue de mots nouveaux. Ainsi quand il évoque le chant des Érinyes
dans l'*Orestie*. Ce « chant d'horreur » est comme
un chant magique : « Pour notre victime, voici le
chant délire, vertige où se perd la raison, voici
l'hymne des Érinyes, enchaîneur d'âmes, chant

sans lyre, qui sèche les mortels d'effroi. » (*Eum.*, v.
328 *sq.*) Le rythme adopté et le choix des mots ont
conduit un poète comme Claudel à renoncer ici à
l'exactitude textuelle au profit du rythme, essentiel
à la magie du chant. Ce qui donne :

> « Autour, tout autour [...]
> strident et sourd, corde et tambour,
> Que chant de fou, chant du diable,
> [...] Tourne mon hymne ensorcelé. »

Ce qui éloigne du texte grec et parfois le trahit,
mais rend bien la structure hallucinante de ce
rythme obsédant. Et l'effet est admirable !

Certains des mots que semble inventer Eschyle
ont survécu, repris par d'autres poètes. De toute
façon, on sent que la langue prolifère et se renouvelle. Ainsi la puissance inventive d'Eschyle se traduit en richesse renouvelée de sa langue. Et si toute
cette violence semble s'assagir un peu chez
Sophocle et Euripide, il reste que souvent, surtout
dans les chœurs et surtout quand il s'agit de traduire les horreurs de la guerre, reparaît cette force
dense et inventive. Eschyle avait parlé d'« Arès,
changeur de mort », et Euripide, tout à la fin de
sa carrière, parlera de la Grèce « folle de lances »
(*dourimanès*). Il faut ajouter que ces formules audacieuses apparaissent souvent dans les
chœurs, dans des phrases à la syntaxe brusque,
ramassée, dont les éléments se juxtaposent sans
mots de liaison. Cela fait une grande différence

chez Euripide avec le calme et la froide raison que l'on trouve dans les fameuses scènes de débat où s'opposent les personnages, scènes imitées des débats politiques ou judiciaires qui se tenaient à Athènes et que l'on appelle des scènes d'« *agôn* », scènes de « combat » autant que de « débat ».

On sait pourtant que la richesse de l'invention verbale et de la liberté de ton allait refleurir dans la comédie, durant le dernier quart du Ve siècle et au début du siècle suivant, dans l'œuvre d'Aristophane, où les composés parodiques abondent et défient aujourd'hui l'astuce des traducteurs autant qu'ils faisaient alors le régal du public, comme dans cette invective imagée des *Cavaliers* : « Tu n'es qu'un bassin de fontaine à niaiseries » – *krounochutrolèraion* –, mot créé par le poète à partir de *krounos*, « la fontáine », de *chutros*, « le bassin » et *lèrein*, « dire des sornettes, des niaiseries » pour désigner « un bavard imbécile ».

Tout autre est l'usage de la langue dans les textes de prose, et tout autre aussi le progrès que cet usage amène bientôt dans la langue. En premier lieu, il est évident que la recherche d'idées nouvelles, de concepts que l'on précise peu à peu pour qualifier le jugement qui s'élabore, entraîne des créations de mots ou des dérivations qui permettent un sens de plus en plus rigoureux. Nous sommes bien placés aujourd'hui pour mesurer l'importance de l'invention athénienne qui, juste au seuil du Ve siècle avant J.-C., créa, délibérément, le mot de « démocratie ». Le mot a été inventé en même temps que

le système politique qu'il décrivait et qu'instauraient
alors les Athéniens. Et est-ce un hasard si apparaît
bientôt un mot comme « philosophie » pour désigner ce désir de la sagesse, qui est autre que la
sagesse du simple « sage », *sophos* ? Et si c'était
tout ! Mais pour pouvoir discuter clairement, il faut
pouvoir distinguer les idées qui sont proches les
unes des autres. C'est à cette époque que l'on
apprend ainsi à distinguer l'« hégémonie » et
l'« empire » ; c'est alors aussi que l'on distingue de
la démocratie sa face sombre, la « démagogie » ;
c'est alors encore que s'élaborent les premiers classements des constitutions et que l'on s'efforce de
définir les divers régimes d'après leur fondement et
leurs qualités. Dans le domaine du droit, également,
les notions de responsabilité, de causalité, sont ana-
lysées. Déjà l'on essaie de mieux définir les idées
fondamentales sur lesquelles repose la démocratie,
celle de liberté ou celle d'égalité. Analyses auxquelles la pensée des philosophes ajoutera encore.
Et Socrate fait-il autre chose quand il arrête les gens
dans la rue et leur demande comment définir leur
occupation, à quoi ils tendent, quel est le but de
leur vie ?

Ces trop rapides évocations montrent assez que
l'élan intellectuel du Ve siècle avant J.-C. entraîne
tout naturellement un enrichissement et un affer-
missement de la langue. Mais il y a plus : il se
trouve que les sophistes, qui furent nos premiers
grammairiens, se sont penchés précisément sur ces
problèmes de la langue et ont délibérément contri-

bué à en raffermir les principes. On sait que le sophiste Hippias avait consacré des travaux à la grammaire et à la prosodie qu'il étudiait en détail dans des traités aujourd'hui perdus : ce sont les débuts de ce qui devait devenir notre « philologie ». Un autre de ces sophistes, Prodicos de Céos, est resté célèbre pour le goût qu'il avait de distinguer les mots synonymes ; il incarne cette tendance à la précision ; il aimait à définir le sens des mots, à les opposer, etc. Il pratiquait cette activité avec tant de zèle que Platon se moque de lui, le trouvant sans doute trop occupé de la forme et pas assez de la vraie recherche intellectuelle. Mais c'est à lui que l'on doit les nombreuses distinctions entre synonymes, dont toute la littérature de l'époque nous a laissé la trace. Dans le dialogue intitulé *Protagoras*, Platon en cite plusieurs exemples. C'est ainsi que, selon Prodicos, *discuter* n'est pas *disputer*, l'*approbation* n'est pas la *louange* ; de même, ce n'est pas la même chose que *vouloir* et *désirer*, non plus qu'*être* et *devenir*. On constate que ces exemples vont du niveau du débat quotidien jusqu'à l'analyse de l'être. Or il est amusant de noter qu'un analyste aussi sérieux que l'historien Thucydide se sert volontiers de ce genre de distinction dans le débat ou l'analyse. Et Euripide aussi bien ! On lit ainsi dans le discours que Thucydide prête aux Corinthiens au livre I de ses *Histoires* : « Que personne ne voie dans nos déclarations la moindre hostilité, mais un simple reproche ; les *reproches* vont à l'ami qui se trompe et l'*accusation* à l'ennemi qui nous a fait du tort. » Le même historien insiste ailleurs sur l'opposition entre l'*insurrection* et la *défection* (livre III, 39, 2). C'est grâce à ce genre de distinctions que le débat historique, juridique ou politique peut avancer, et, effectivement, il avance... La pensée et la langue gagnent en précision, à chaque instant.

Tout cela s'inscrit dans ce Ve siècle du rayonnement athénien et s'inscrit désormais dans les conquêtes définitives de la pensée et de la langue. Mais un nouveau pas est franchi lorsque l'on passe du Ve siècle au IVe.

Tout d'abord, après ces recherches denses et serrées, après ces jeux d'oppositions et de distinctions qui trahissent l'effort intellectuel, la diction se fait plus coulante, la phrase tend à se ramifier harmonieusement en membres bien balancés : ce sont alors les périodes d'Isocrate ou de Démosthène. Et c'est là encore, pour la langue, un renouvellement important.

Par ailleurs, le système des valeurs, peu à peu, lui aussi, se renouvelle, et l'on voit dans la langue apparaître et s'imposer des mots nouveaux pour ces valeurs nouvelles. Les mots signifiant la douceur, l'indulgence, la tolérance, le pardon passent de deux ou trois exemples pour chaque auteur du Ve siècle à cinquante, soixante, voire plus, chez les auteurs du IVe siècle et ceux des siècles suivants ! La philosophie traite de problèmes politiques, mais dans un tout autre esprit et en insistant sur des valeurs et des mots nouveaux. Et cet effort se poursuivra pendant les siècles à venir. Après Platon et Aristote, c'est le temps des écoles philosophiques épicurienne et stoïcienne, et le vocabulaire traduit un idéal qui se rapproche progressivement du christianisme, lequel connaîtra bientôt une expansion sans pareille.

Ce n'est pas tout. Pour être plus complet, il faudrait aussi évoquer la poésie alexandrine qui fait de nouvelles découvertes avec, par exemple, la poésie bucolique, appelée à un si grand succès à Rome, puis en divers pays d'Europe. Et à partir de là, de l'hellénisation de Rome, s'ébauche la longue évolution qui va faire du grec la langue du christianisme et des Pères de l'Église. Les mots de la douceur dont il vient d'être question s'épanouissent dans l'œuvre d'un païen comme Plutarque, au IIe siècle de l'empire ; ils prennent une valeur nouvelle chez les Pères de l'Église pour désigner la charité, l'amour de Dieu et le pardon. Et tout cela, en grec !

Faut-il aller plus loin et suggérer qu'alors même que le grec ancien est devenu pour nous une langue morte, nous ne cessons de créer des mots grecs pour désigner des réalités nouvelles comme le téléphone, la philatélie ou la psychanalyse ? Mais il est inutile d'aller chercher si loin : l'histoire de la culture grecque reflète assez l'étroite parenté entre l'essor des œuvres littéraires et l'épanouissement de la langue. Elle varie, elle s'enrichit, elle se précise.

L'essentiel reste pourtant de voir qu'elle avait en elle, dans sa structure et tout au long de son histoire, des potentialités qui ont rendu cette alliance et cette diffusion possibles. C'est à ces richesses tenant à la structure de la langue, que sera consacrée désormais l'analyse contenue dans ce petit livre. Après l'histoire de la diffusion de cette langue et l'évocation rapide des chefs-d'œuvre littéraires auxquels elle est associée, c'est enfin à la langue même que nous allons demander ses secrets.

3

Variations sur le nom et la flexion
(l'ordre des mots, l'article, les genres)

Comme le latin, le grec appartient à la grande
famille des langues indo-européennes qui, comme
son nom l'indique, regroupe la plupart des langues
d'Europe (à l'exception du basque, du finnois et
du hongrois) et de l'Asie centrale (sanscrit,
védique, iranien, langues slaves, baltiques, etc.).
C'est une langue à flexion, ce qui signifie que les
mots reçoivent une finale particulière – la désinence – indiquant leur fonction dans la phrase.
Des huit cas de l'indo-européen, le grec n'en a
conservé que cinq : le nominatif (cas du sujet), le
vocatif (cas de l'apostrophe), l'accusatif (cas du
complément d'objet direct), le génitif (cas du
complément de nom) et le datif qui recouvre les
fonctions du complément d'objet indirect, du loca-
tif et de l'instrumental. Le français, à la différence
de l'allemand, n'a plus de déclinaisons. On peut
cependant en trouver la trace dans les formes du

pronom relatif – qui, que, quoi, dont, où, lequel, duquel, auquel – qui varient selon les fonctions du pronom dans la proposition relative, rendant le maniement de cet outil grammatical parfois délicat pour nos collégiens et donnant lieu à de nombreuses maladresses.

En grec, la désinence finale du mot précisant son rôle dans la phrase, l'ordre des mots, qui ne sert jamais à indiquer la fonction grammaticale, est beaucoup plus souple, plus libre qu'en français. Les mots sont pour ainsi dire autonomes, ce qui permet toutes sortes d'effets de sens et de mises en relief. La seule limite à cette liberté concerne les particules de liaison entre les phrases, qui occupent le plus souvent la première ou la seconde place. À une époque où la ponctuation n'existait guère, la présence de ces particules facilitait la lecture (voir notre chapitre 6). À cette exception près, l'ordre des mots est quasi libre et entièrement au service de l'expression de la pensée. Considérons, par exemple, les premiers vers de l'*Iliade* :

« Chante, déesse, la colère d'Achille, le fils de Pélée,
colère funeste qui aux Achéens valut des souffrances sans nombre
et jeta en pâture à Hadès tant d'âmes fières de héros, tandis que de ces héros mêmes elle faisait la proie des chiens et de tous les oiseaux du ciel... »

Alors que le français se doit de commencer par le verbe et l'apostrophe au destinataire (« Chante, déesse »), le grec dégage en tête du vers le complément du verbe, « La colère », c'est-à-dire le mot définissant le thème de l'*Iliade*, qui n'est pas le récit des dix ans de la guerre de Troie mais celui de la crise qui se noue autour de la colère d'Achille ; ce qui donne le mot à mot :

« La colère (*mènin*), chante-la, déesse, celle d'Achille, le fils de Pélée,

colère funeste (*oulomenèn*)... »

On notera les répétitions ou explicitations auxquelles contraint le français, mais on notera surtout, dans le texte grec, le rejet, au début du deuxième vers – en écho au premier mot du poème, *mènin,* la colère – du participe à l'accusatif qui qualifie cette colère (*oulomenèn*), « colère funeste, qui causa la perte de tant d'Achéens ! » :

Mènin aeide, thea, Pèlèiadeô Achilèos
oulomenèn, hè...

Telle est la densité de ce style poétique que toute traduction tend à diluer. Relisons de même le premier vers de l'*Odyssée* :

« C'est l'homme aux mille tours, Muse, qu'il faut me dire,

celui qui tant erra... »

La traduction de Victor Bérard que nous venons de citer recourt au présentatif « C'est... que » pour garder en tête, en français, à l'exemple du grec, cet « homme » Ulysse dont les aventures constituent le poème. Mais ici encore, la traduction échoue à rendre la densité du grec qui ouvre le vers en lançant le complément du verbe (*andra*) l'homme, le héros, à l'accusatif – c'est lui qui est l'objet du chant – et clôt ce même premier vers sur le qualificatif qui permet d'identifier sans la moindre hésitation le héros du poème, Ulysse « aux mille tours ». Les deux termes qui définissent Ulysse – « l'homme... aux mille tours » – sont disjoints pour encadrer le premier vers du poème. Mario Meunier a cherché à respecter cette densité par un autre subterfuge :

« Quel fut cet homme, Muse, raconte-le-moi, cet homme aux mille astuces... »

Mais il ajoute une interrogation rhétorique, qui n'est pas dans le texte épique et n'évite pas la répétition du substantif « cet homme ». On mesure, avec ces deux premiers exemples, la souplesse, le jeu de disjonctions que permet cette langue à flexion, et la densité des effets qu'elle autorise aux écrivains, tant en poésie qu'en prose.

Les Tragiques en ont tiré des effets très forts. Eschyle, dans *Les Perses,* met dans la bouche de Darius cette invite adressée à la vieille reine Atossa, d'aller accueillir son fils Xerxès : « Apaise-le par de douces paroles : car tu es, je le sais, la seule dont il supportera la voix. » Il a fallu treize mots français à Paul Mazon pour traduire les six mots du vers grec qui jette en tête l'adjectif « seule » (*monè*) et le disjoint du pronom personnel *sou,* « toi », dont l'occurrence est volontairement repoussée, détachée, en relief à la coupe du vers[1].

Autre exemple, chez Sophocle, avec le même

---

1. Mot à mot : « Seule, en effet, je le sais, toi il supportera d'entendre. » (*Monès gar oida sou kluôn anexetai.*)

adjectif, dans la sentence qui clôt la tirade de Créon, injustement accusé par Œdipe de comploter contre son trône : « Seul le temps est capable de montrer l'honnête homme. » Le grec exprime l'idée en cinq mots, en plaçant à chaque extrémité du vers les deux éléments sujets – le temps (*chronos*, lancé en tête du vers) montre l'homme honnête, seul (*monos*, dernier mot du vers).

Plus net encore est l'exemple de l'*Antigone*. Lors de la confrontation entre Antigone et Créon, Antigone explique pourquoi elle a préféré obéir à la règle morale et aux lois non écrites sanctionnées par les dieux plutôt qu'aux ordres de Créon. La force de sa réponse tient beaucoup à l'ordre des mots grecs. Voici la traduction de ce texte :

Créon : « Ainsi tu as osé passer outre à ma loi.

Antigone : – Oui, car ce n'est pas Zeus qui l'avait proclamée ! Ce n'est pas la justice, assise aux côtés des dieux infernaux. »

La traduction de Paul Mazon est bien sûr exacte ; mais elle ajoute à la réponse d'Antigone un « oui » qui précède l'explication de son geste alors que le grec peut lancer en tête du vers la négation et mettre en relief le nom de Zeus, détaché à la coupe du vers (mot à mot : « Ce n'était pas en effet pour moi Zeus qui avait proclamé cela »). Et surtout, elle bouleverse l'ordre des mots grecs dans le vers suivant qui dit proprement : « ... ni celle assise aux côtés des dieux infernaux, Justice. » Le grec, qui peut grouper entre l'article et le nom un certain nombre de mots (comme nous le verrons bientôt), laisse éclater à la fin du vers ce beau mot de Justice, qui, du coup, prend plus d'éclat et d'importance. Telle est la densité du style poétique qu'autorise l'autonomie des mots en grec.

Les prosateurs ne sont pas en reste. Démosthène, dans sa *Première Philippique*, mettant toute son ardeur à faire réagir les Athéniens face aux attaques de Philippe, leur lance : « C'est en prenant sur vos alliés que Philippe vous fait la guerre. » Cette traduction, bien qu'exacte, perd la force du texte grec qui lance en tête le possessif – *apo tôn humeterôn*, « à partir de ce qui est à vous » – et rejette en fin de proposition le mot « alliés » (*summachôn*), disjonction qui donne une force accrue à la dénonciation de l'orateur. Et nous pourrions multiplier les exemples à l'infini...

Puisque nous venons d'envisager plusieurs cas de disjonction, disons quelques mots des figures de style auxquelles un sophiste comme Gorgias, au Vᵉ siècle avant J.-C., s'est beaucoup intéressé. Les sophistes ont en effet découvert les pouvoirs immenses de la parole ; ils ont bien vu qu'en choisissant des mots qui se faisaient écho, si possible de même longueur, et dont les dernières syllabes rimaient, on pouvait obtenir des effets saisissants ; et ils ont tenté de s'approprier ainsi la puissance quasi magique de l'art des poètes afin de faire de la prose la rivale de la poésie pour, en quelque sorte, ensorceler les âmes. Gorgias proclame ainsi que la parole a sur l'âme le même pouvoir que les drogues des médecins sur le corps. Ce style recherché où

abondent les figures caractérise d'abord les discours d'apparat. Mais un historien aussi sérieux
que Thucydide, quand il met dans la bouche de
Périclès ce grand discours officiel qu'est l'oraison
funèbre – hommage aux morts de la première
année de la guerre –, lui prête des formules qui ont
l'éclat de la poésie. Ainsi on lit au chapitre 40 du
livre II, qui est une célébration du mode de vie des
Athéniens :

« Nous cultivons le beau dans la simplicité et les
choses de l'esprit sans manquer de fermeté. »

La traduction a tenté de rendre au moins la rime
entre les deux membres de phrases – *met'eute-
leias... aneu malakias* ; mais elle ne rend pas l'écho
entre les deux verbes qui marquent le goût de la
beauté et des choses de l'esprit, verbes qui sont des
composés exactement parallèles dans leur forme
– *philokaloumen*, construit à partir de *philein*,
« aimer », et de *kalon*, « beau », et *philosophou-
men*, construit sur le même verbe complété, cette
fois-ci, par *sophia*, « la science, le savoir ». Égalité
du nombre des syllabes, parallélisme des composés,
rimes intérieures : tout contribue à donner un relief
saisissant à l'expression.

Là encore, nous pourrions multiplier les
exemples, mais il est temps d'aborder l'examen des
catégories grammaticales avec, pour commencer
par le plus simple, quelques remarques concernant
le nom.

Comme la plupart des langues indo-européennes,
le grec distingue des nombres, catégorie qui

concerne aussi bien le verbe que le nom : singulier, pluriel, et duel pour désigner un ensemble de deux ou ce qui va par deux (les deux yeux, *osse*, chez Homère). Mais cette dernière catégorie, concrète, de type archaïque, fut abandonnée très tôt : le duel n'est plus en usage dans le grec de la *koinè* dès le IIIe siècle avant J.-C., et seule demeure la distinction entre singulier, pluriel et collectif cette étrange expression du *neutre pluriel* (dont nous allons bientôt reparler) ; ce qui confirme encore la tendance de la langue grecque à faire prévaloir des catégories abstraites.

Qu'en est-il alors des distinctions de genre, qui, elles, ne concernent que le nom ? Les formes fléchies, c'est-à-dire déclinées, du nom indo-européen opposaient deux genres : l'animé (masculin-féminin) et l'inanimé (neutre). Cette opposition a été conservée en grec. Pourquoi un neutre ? dira-t-on. Le français s'en passe très bien ! Mais le neutre se révèle très utile pour distinguer, face à la personne qui agit – au masculin ou féminin –, ou à la valeur active d'un nom verbal, comme *poièsis*, le résultat de l'action au neutre, comme *poièma*, distinction rigoureuse et immédiatement lisible que le français a perdue, alors qu'en grec les deux termes sont nettement différenciés par leur structure grammaticale. C'est ainsi que nous parlons indifféremment aujourd'hui d'« une jolie poésie » ou d'« un beau poème » sans bien voir quelle est l'utilité de ce doublet. En grec, *poièsis*, mot féminin comme beaucoup de noms d'action, désigne l'activité poétique, l'acte de création du poète ; tandis que *poièma*, mot neutre, désigne le résultat de cette activité, le poème une fois réalisé. Nous avons hérité du grec le doublet – la poésie/le poème –, nous avons perdu la nuance de sens qui les différenciait ; seule demeure l'opposition des genres – *la* poésie, *le* poème –, opposition qui pourrait surprendre, mais devient compréhensible dès que l'on remonte à la clarté du grec. Et l'on remarquera au passage que, comme l'avait bien vu Claude Lévi-Strauss, « en français le neutre est masculin » !

Cette distinction entre animés et inanimés, et donc l'existence même du neutre, permet en grec une clarté immédiate que notre langue ne possède pas. Alors qu'en français nous pouvons dire indifféremment : « Le noir s'accorde au deuil » (il s'agit alors d'une couleur) et « Le Noir accorde son instrument » (il s'agit alors d'une personne), le grec, grâce au neutre et au neutre substantivé, évite toute ambiguïté.

Les Grecs jouaient très subtilement de la distinction des genres. Le poète de l'*Iliade*, déjà, l'utilise à merveille. Ainsi, au chant XVIII, v. 105, Achille vient d'apprendre la mort de Patrocle et se lamente de n'avoir rien pu faire pour empêcher cette mort, de n'être rien qu'un « vain fardeau de la terre ». Or le mot que le traducteur a rendu par « fardeau » est un mot neutre (*achthos*) qui désigne une charge, un poids qu'on porte ou transporte ; ce neutre marque bien la transformation du héros et son désespoir : il ne se sent même plus un homme, mais une chose inanimée, sans usage ni utilité.

Autre exemple. À la fin de l'*Iphigénie à Aulis* d'Euripide, l'héroïne, Iphigénie, donne les raisons de son sacrifice volontaire ; elle évoque tour à tour la volonté de l'armée dont les soldats sont prêts à mourir, son désir d'éviter un conflit entre Clytemnestre et Agamemnon aussi bien qu'entre Achille, son défenseur, et la foule des autres Grecs, la volonté d'Artémis et, mobile ultime, la gloire d'assurer la prééminence des Grecs sur les barbares :

« Je donne mon corps à la Grèce. Immolez-le et prenez Troie. Ainsi de moi l'on gardera mémoire, longtemps. Cela me tiendra lieu d'enfant, d'époux et de renom. C'est au barbare à obéir au Grec, ma mère, et non l'inverse. Car eux sont des esclaves et nous sommes des hommes libres. »

La traduction de Marie Delcourt que nous venons de citer oppose dans ce dernier vers « eux » et « nous » ; elle cherche ainsi à rendre, en personnalisant le tour, l'opposition que le grec établissait entre le neutre (**to** *men gar doulon,* « la gent barbare est esclave », exprimé par un neutre singulier) et l'animé (*hoi d'eleutheroi,* « les Grecs, eux, sont des hommes libres » au masculin pluriel), opposition plus radicale encore que celle qui en français oppose « eux » et « nous » puisqu'elle implique une différence de catégorie entre les deux groupes.

Platon établit une opposition du même ordre dans le *Protagoras* quand il évoque les débuts du monde et « ce temps où les dieux existaient mais où les races mortelles n'existaient pas encore » : il oppose à son tour l'animé (*hoi theoi èsan*, « les dieux existaient ») à la catégorie au neutre collectif (***ta thnèta genè ouk èn***, « les races mortelles n'existaient pas encore ») avec le même verbe qui est alors au singulier ; car les neutres indo-européens n'avaient pas de pluriel : le rôle du pluriel y était tenu par un collectif singulier, et de ce fait découle très logiquement que le verbe était lui aussi au singulier. Nous reviendrons sur cette étrange règle d'accord du verbe, archaïsme que le grec seul a conservé avec quelques textes de l'*Avesta*, recueil de textes sacrés du mazdéisme, religion de l'Iran ancien...

Sans doute certains cœurs sensibles seront chagrinés de constater que les animaux, désignés par la notion générale de « vivant », sont au neutre (***ta zôia***, neutre pluriel), et surpris par cette règle qui veut donc que les neutres, mis au pluriel, gardent le verbe au singulier car ils sont considérés comme une collectivité abstraite. Ainsi dit-on : « Les animaux courent » (***ta zôia trechei***) avec le verbe « courir » au singulier. L'exemple était jadis bien connu dans les classes, et il se susurrait que les professeurs de lettres classiques annonçaient à leurs collègues par cette formule l'arrivée d'une inspection... Oublions cette légende et ne nous affligeons pas à l'excès de ce terme générique, neutre et collectif, pour désigner les animaux en général. Notre époque, où règne un individualisme exacerbé, n'a sans doute rien à perdre à redécouvrir l'existence du collectif ! D'autant qu'il faut aussitôt ajouter que tous les noms d'animaux, en grec, sont masculins ou féminins : les oiseaux, *hoi ornithes*, les chevaux *hoi hippoi*, etc. Et les textes grecs ont su magnifiquement donner une présence vivante et attendrissante à nos amies les bêtes. Relisons l'*Odyssée* : au chant XVII, Ulysse rentre au palais d'Ithaque après vingt ans d'absence et le premier à le reconnaître est son chien Argos :

« [...] un chien couché leva la tête et les oreilles ; c'était Argos, le chien qu'Ulysse au cœur plein d'endurance avait nourri lui-même mais dont il n'avait tiré aucun profit, parti trop tôt pour Ilion, [...] Il gisait, abandonné de tous sur un tas de fumier [...] tout couvert de vermine. Toutefois, dès qu'il sentit qu'Ulysse était auprès de lui, il remua la queue, baissa les deux oreilles, mais il n'eut pas la force d'aller jusqu'à son maître. Ulysse, en le voyant, détourna la tête pour essuyer une larme [...]. Quant à Argos, le destin ténébreux de la mort s'empara de lui, aussitôt qu'il eut revu son maître, après vingt ans d'absence. »

Dans les fables, ou chez Aristophane, l'auteur des *Guêpes*, des *Oiseaux*, des *Grenouilles*, les animaux ont une présence des plus vivantes et familières : les Grecs savaient faire la distinction entre l'abstraction – la catégorie – au neutre, et les animaux vivants auxquels ils pouvaient être sentimentalement attachés, jusqu'à la belette, *hè galènè*, le substitut de notre chat domestique !

À l'inverse, l'indo-européen n'exprimait pas formellement l'opposition du masculin et du féminin :

les noms du bœuf *(bous)* ou du chien *(kuôn)* peuvent s'appliquer aux femelles aussi bien qu'aux mâles ; il en est de même pour *theos* qui désigne en attique aussi bien une déesse qu'un dieu. Et peut-être les amoureux de la nature seront-ils heureux de découvrir que les noms d'arbres (considérés comme portant des fruits) sont le plus souvent féminins en grec. On peut se demander si la distinction entre masculin et féminin se serait maintenue si l'usage de l'article ne s'était imposé et ne l'avait fixée.

Car le grec a un article défini. Le latin n'en avait pas et le français du haut Moyen Âge non plus. Il semble que l'usage de l'article ne soit devenu régulier et constant, en France, qu'au cours du XVIᵉ siècle. Le recours à l'article permet de dire les choses de façon moins immédiate, mais plus précise. Il permet surtout de substantiver n'importe quel adjectif ou participe : on peut dire « les pauvres », « les riches », « les puissants » en grec comme en français. Mais cette possibilité est encore plus développée en grec, car l'article peut donner valeur de substantif aussi bien à des adverbes qu'à des infinitifs ou à des propositions complètes. Ainsi « nos contemporains » pourra se dire à l'aide de l'adverbe *nun*, qui signifie « maintenant », précédé de l'article au masculin pluriel *hoi nun*, « ceux de maintenant » ; et corrélativement « les Anciens » se dira avec le même article suivi de l'adverbe *palai* qui signifie « jadis » *hoi palai* ; « les choses célestes » se diront *ta en ouranôi* (mot à mot : « ce qui est dans le ciel ») et « les affaires de la cité » *ta en tèi polei* (« les choses de la cité »). Nous sommes obligés de développer en ajoutant le mot « chose » ou un équivalent, alors qu'en grec l'article au neutre pluriel *ta* suffit.

Et nous découvrons ici un nouvel usage du neutre que les philosophes sauront mettre à profit : le neutre permet en effet de substantiver n'importe quelle notion pour en faire une idée abstraite, aisément maniable car facile à construire en quelque endroit que ce soit de la phrase, comme *to kalon*, « le beau », *to dikaion*, « le juste », *to chrèsimon*, « l'utile », *to on*, « ce qui est, l'être », et *to mè on*, « le non-être », etc. Un historien comme Thucydide, dont le goût pour l'abstraction et la rigueur est bien connu, aime à recourir à ces neutres pour isoler une notion ou la composante d'une attitude. Ainsi, au livre III de son *Histoire,* dans l'antilogie qui traite du sort de Mytilène, cité alliée d'Athènes qui a fait sécession, l'orateur Diodote, s'opposant à la sévérité sans appel prônée par Cléon, déclare (ch. 44) : « Je ne considère pas comme juste que l'aspect séduisant de son discours (*to euprepes tou logou*) vous fasse rejeter ce qui est utile dans le mien (**to** *chrèsimon tou emou*). » Deux neutres dressent en parallèle le « bel aspect », qui peut être trompeur, de l'un des discours, et la « part d'utilité » de l'autre discours ; et l'auditeur est averti du même coup du danger (et de l'injustice) qu'il y aurait à privilégier une apparence séduisante en négligeant ses intérêts. Le neutre permet ainsi d'isoler les notions et de les traiter comme des quantités mathématiques que l'on compare, additionne ou multiplie.

Le plus bel exemple chez Thucydide se trouve peut-être au livre VII de son récit, quand il évoque la confiance redoublée des Syracusains avant la dernière bataille, face aux déconvenues des Athéniens découragés malgré leur grande expérience : « Pour nous, estiment les Syracusains, notre acquis initial (*to huparchon*, participe neutre substantivé signifiant « ce qui existe à l'origine ») – cet acquis avec lequel, bien qu'encore ignorants du métier marin, nous avons payé d'audace –, se trouve aujourd'hui affermi, et, comme la conviction s'y est jointe d'être les plus forts (*to kratistous einai*, infinitif substantivé signifiant « le fait d'être les plus forts ») puisque nous avons vaincu les plus forts, c'est pour chacun un espoir redoublé » (VII, 67, 1).

On découvre ici comment, grâce à cet usage du neutre, les divers aspects d'une situation se combinent en propositions quasi mathématiques ; la rigueur de l'analyse s'en trouve accrue et l'on comprend que la pensée philosophique y ait eu bien souvent recours.

Les Stoïciens, par exemple, mettent au centre de leur doctrine la distinction entre « ce qui dépend de nous » (**ta** *eph'hèmin*) et qui peut donc être bon ou mauvais puisqu'il dépend de notre décision, et « ce qui ne dépend pas de nous » (**ta** *ouk eph'hèmin*) et qui doit donc être pour nous indifférent. L'article au neutre pluriel (*ta*), suivi de la préposition *epi* (« qui

repose sur, qui dépend de ») et du pronom personnel de première personne du pluriel au datif *hèmin*,
suffit à rendre, de manière abstraite et générale,
cette notion fondamentale du stoïcisme.

Mais sans doute est-ce dans les dialogues de Platon que l'usage du neutre, substantivé par l'article,
apparaît crucial. Attardons-nous un instant sur le
début de l'*Euthyphron*. Socrate cherche à obtenir
de son interlocuteur une définition de la piété :
« Dis-moi donc, lui demande-t-il, comment tu défi-
nis ce qui est pieux (***to*** *hosion*) et ce qui est impie
(*kai* ***to*** *anosion*). » Les deux notions sont expri-
mées par des neutres substantivés. Et Euthyphron
de répondre aussitôt : « Eh bien, je dis que la piété
(***to*** *hosion*), c'est ce que je fais aujourd'hui, poursuivre le coupable (*tôi adikounti epexienai*, participe substantivé complément de l'infinitif
epexienai)... et qu'il est impie (*anosion*) de ne pas
intenter de poursuites » (***to*** *mè epexienai*, infinitif
substantivé avec négation « le fait de ne pas poursuivre »). On remarquera la souplesse de la phrase
qui, dans la première partie de la proposition, fait
de l'adjectif substantivé (*to hosion*) le sujet que
complète le groupe avec l'infinitif comme prédicat
(*epexienai*), alors qu'ensuite c'est l'infinitif substantivé (*to mè epexienai*) qui est sujet, et l'adjectif au
neutre (*anosion*) qui se trouve être prédicat. Le
vocabulaire est le plus simple qui soit, mais l'usage
du neutre et de la substantivation a pour effet de
présenter les notions de manière générale, abstraite
et claire.

Permettant de préciser genre, nombre et cas sans alourdir la phrase, l'article transforme les propositions en une sorte d'algèbre linguistique qui parfois, chez Platon, donne le tournis. Le *Philèbe* et le *Parménide* fourmillent d'exemples de ce genre. Nous ne résistons pas au plaisir de citer ici une phrase du *Parménide*, qui présente six exemples de l'article, neutre ou masculin – en souhaitant que nos lecteurs ne ressentent pas dès ce point de notre exposé la même impression désorientée que les auditeurs de Platon ! « Quant au fait que (*to*), le premier (*ton men*) affirmant l'Un, le second (*ton de*) niant le multiple, vous parlez chacun de votre côté de façon à sembler ne rien dire de pareil (*mèden tôn autôn*, "aucune parmi les mêmes choses"), bien que disant tout juste les mêmes choses (*ta auta*), c'est par-dessus nos têtes à nous, profanes (*tous allous*), que m'ont l'air de discourir vos discours (*ta eirèmena*, mot à mot "les choses dites") » (*Parménide*, 128 B).

On mesure déjà avec ces quelques exemples le caractère intellectuel du développement du grec, et le mélange de rigueur et de souplesse qui caractérisent cette langue. L'étude de la formation des noms, des systèmes de composition et de dérivation, qui nous conduira de l'usage le plus archaïque de la langue religieuse aux créations de la langue philosophique du IVe siècle, va nous en apporter une confirmation sans pareille.

4

L'invention des mots :
composition et dérivation

Le grec a hérité de l'indo-européen un certain nombre de noms-racines, c'est-à-dire des noms où la désinence s'adjoint directement au radical, sans l'intermédiaire d'aucun suffixe. Ces noms désignent souvent des notions essentielles de la vie quotidienne – le feu (*to pur*), la vache (*bous*), le pied (*pous*), la main (*cheir*), le navire (*naus*), etc. –, ce qui a assuré leur conservation. Mais ce système de noms-racines n'est plus qu'une survivance en voie de disparition en grec. Ainsi, pour désigner le navire, le substantif *ploion* – mot de deuxième déclinaison, dérivé du verbe *plein*, « naviguer » – tend à remplacer dans la *koinè* le vieux mot *naus*.

Pour constituer leur vocabulaire, les Grecs ont eu recours principalement à deux procédés : la *dérivation* à l'aide de suffixes divers, et la *composition*. Ce n'est sûrement pas le lieu de passer en revue les divers modes de suffixation ni les différentes formes de composés du grec ancien. Le lecteur curieux pourra se reporter sur ces points aux études toujours fondamentales d'Antoine Meillet et de Pierre Chantraine. Nous nous bornerons dans ce bref chapitre à montrer par quelques exemples la facilité dont disposait le grec pour composer des mots et enrichir les familles de mots à l'aide de divers suffixes le plus souvent dotés d'une valeur précise.

Dans le développement du vocabulaire d'une langue, certains facteurs externes, comme l'innovation technique ou la création de nouveaux systèmes de pensée, jouent un rôle important. Et c'est ce que nous constatons en grec. On crée un mot pour exprimer une idée dont on prend conscience, ou nommer une réalité nouvelle dont on souhaite pouvoir parler.

C'est ainsi que l'on fabrique le mot « démocratie » (*dèmokratia*, composé de *dèmos* qui signifie « peuple » et de *kratos* qui signifie « pouvoir, autorité ») quand est créé le régime où le peuple détient l'autorité. Et ce régime se distingue, par la composition même de son nom, de formes politiques plus anciennes comme la « monarchie » : composé de *monos*, qui signifie « seul », et d'*archè*, qui désigne le commandement, *monarchia* est le régime où un seul homme commande. L'*oligarchia* est le régime dans lequel « un petit nombre, quelques-uns » (*oligoi*) commandent. Sur le modèle de « démocratie », on a pu créer « aristocratie », qui désigne à l'origine le régime où « les meilleurs » (*aristoi*) ont le pouvoir, ou encore « ploutocratie », régime où les riches (*ploutos* : la richesse) détiennent le pouvoir. Sur ce modèle encore, Platon a créé « timocratie » (*Rép.*, 545 B), nom du régime où commandent ceux qui recherchent avant tout les honneurs (de *timè*, « marque d'honneur »), création qui n'a pas eu l'heur d'entrer dans notre langue. Ainsi d'ailleurs qu'une autre création platonicienne injustement oubliée, la « théâtrocratie », qui pourrait sans doute retrouver vie et sens dans notre monde contemporain parfois analysé comme une « société du spectacle ». La théâtrocratie correspond à ce stade d'évolution de la démocratie où tout le monde se croit compétent sur tout sans avoir rien appris, au théâtre d'abord, dans les autres domaines ensuite. Chacun acquiert alors une assurance qui se transforme bientôt en impudence, refuse toute autorité et, finalement, cherche à désobéir aux lois, ne respectant plus ni serment, ni engagement (*Lois III*, 701 A-D).

À partir du premier élément du mot « démocratie » (*dèmos*, qui désigne donc le peuple), l'*Iliade* connaissait déjà un composé imagé, le « dévoreur du peuple » (*dèmoboros*). Aristophane, lui, a créé deux composés antithétiques pour désigner d'un côté « l'ami du peuple » (*philodèmos*, mot à mot « celui qui aime », de *philein*, « aimer », et *dèmos*, « le peuple ») et de l'autre « l'ennemi du peuple » (*misodèmos*, « celui qui déteste » de *misein*, « détester », et *dèmos*, « le peuple »).

On saisit à partir de cet exemple comment tout ensemble le vocabulaire a pu s'enrichir, l'analyse politique s'affiner et inspirer à un poète comique les mots d'une caricature humoristique. Et l'on découvre du même coup deux sources possibles à cet enrichissement continu de la langue : d'une part, l'évolution des institutions, des modes de pensée, les progrès techniques et scientifiques, et, d'autre part, la création d'un écrivain, le coup d'audace d'un poète, l'image saisissante qui, peut-être, n'est pas destinée à survivre dans la langue.

Il en est de même pour l'invention du mot *philosophos*. Après la génération des Sages (*sophos*) comme Thalès de Milet, Anaximandre, Parménide ou Empédocle, qui cherchaient à penser le monde, la réflexion se centre au Ve siècle sur l'homme et la cité, c'est-à-dire sur la morale et la politique. Les disciples de Socrate, qu'ils s'appellent Platon ou Isocrate, se définissent alors comme « amoureux de la sagesse » (*philosophoi*), ce qui les différencie tout à la fois des *sophoi*, les maîtres des générations précédentes, et de leurs rivaux contemporains, les maîtres de rhétorique ou « sophistes » (*hoi sophistai*). Des débats opposent, en cette fin du Ve siècle et début du IVe, les tenants des diverses écoles qui définissent chacun le contenu de leur *philosophia*. Socrate, chez Platon, se défend d'être sage (*sophos*) et consent tout juste à s'avouer « amoureux de la sagesse » (*philosophos*). Isocrate, qui promet pour sa part de former la jeunesse à une vertu « connue de tout le monde » et non à « une sagesse ignorée des autres et sur laquelle on discute », s'en prend à la « philosophie » de Platon :

« Je ne crois pas qu'il y ait lieu d'appeler "philosophie" des études qui pour le présent ne servent ni à la parole, ni à l'action » (*Sur l'échange*, § 271).

Ces débats nous confirment que le mot « philosophie » vient d'entrer dans la langue et que son contenu précis fait encore l'objet de discussions. En l'occurrence, c'est la conception platonicienne de la *philosophia* qui a prévalu et dont nos langues européennes ont hérité par l'intermédiaire du latin. Mais ce sont les conceptions éducatives d'Isocrate – le recours à une formation rhétorique plus qu'à l'examen dialectique – qui ont triomphé dans ces mêmes pays d'Europe jusque vers le milieu du XXe siècle !

La grande facilité qu'avait le grec à créer des composés, facilité dont nous venons de voir quelques exemples, est sensible dès Homère et Hésiode. Chez ces poètes, les épithètes qualifiant les dieux sont le plus souvent des termes composés : *agkulomètès*, « à l'esprit retors, fourbe » (composé de *agkulos*, « courbé, contourné », et *mètis*, la pensée) est l'une des épithètes qualifiant Kronos figurant chez Homère (*Il.*, II, 205) et chez Hésiode (*Théog.*, 19). « À la vaste voix » (*euruopa*), « à la voix terrible » (*baruopa*), deux composés du mot *ops*, qui signifie « voix », et d'un adjectif (*eurus,* « large », ou *barus*, « grave »), qualifient Zeus. Toujours chez Homère, Zeus encore sera dit « maître du ton-

nerre » (*anaxibrontas*, de *anassô*, « commander », et
brontè, « la foudre »).

Ces composés ont sans doute été d'abord utilisés
dans la langue religieuse et cultuelle. Ils ont ensuite
connu une grande fortune dans la lyrique chorale
et dans les chœurs des tragédies auxquels ils
confèrent noblesse et grandeur. Chez Pindare,
Zeus est *karterobrontas*, « à la foudre puissante »,
et ses fils sont *akamantomachai*, « infatigables au
combat » (*Pyth.*, IV, 171).

À partir de ces exemples, l'imagination des
poètes se donnait libre cours. Nous avons évoqué
au chapitre 2 la magnifique création d'Eschyle
qu'est le chant des Érinyes dans la dernière pièce
de l'*Orestie* : « Voici le chant délire, vertige où se
perd la raison... » Dans ce chant inspiré et fou,
sorte d'incantation magique, Eschyle multiplie les
mots se rattachant à l'idée de « détruire l'esprit,
rendre fou » (*parakopa, paraphora*) avec cette création, *phrenodalès*, composé de *phrèn*, « l'esprit », et
du verbe *dèleomai* qui signifie « blesser, ravager »,
forme qu'il invente et qui n'eut pas de postérité.
Cet hymne des Érinyes, avec ses répétitions de
sons, son rythme obsédant et ses créations verbales, est emblématique du style de la poésie
d'Eschyle beaucoup plus que de celle de Sophocle
ou d'Euripide. Et ce fait aussi est caractéristique :
Eschyle, comme Pindare, compose ses œuvres dans
la première moitié du Ve siècle, à une époque où les
mots gardent encore une aura magique, une force
incantatoire, qu'ils perdront par la suite quand les

sophistes auront montré que le langage a sa vie propre et n'est nullement en prise directe sur le réel, quand, pour reprendre une formule d'Antoine Meillet, le mot-force devient le mot-signe. C'est alors, dans le dernier tiers du siècle, que nous verrons Aristophane exercer sa verve contre ces composés du « grand style » qu'il aime à parodier. Chez lui, le stratège Lamachos, le « va-t-en-guerre », a une aigrette de Gorgone sur son casque : il est *gorgolophas*, « au panache de Gorgone » (*Ach.*, 567), composé de *Gorgô* et de *lophos,* « l'aigrette ». Dans les *Nuées*, sur le modèle d'une autre épithète de Zeus, *aristotechnas*, il forge le composé *iatrotechnès*, « artiste en médecine », qu'il insère dans une énumération comique de composés de plus en plus longs et pompeux :

« Des devins de Thourioi (*thouriomanteis*), des artistes médecins (*iatrotechnas*), des fainéants chevelus occupés de leurs bagues et de leurs ongles (*sphragidonuchargokomètas*), tourneurs de strophes (*asmatokamptas*) pour les chœurs cycliques, mystificateurs aériens (*meteôrophenakes*). (332 *sq.*) » Tous ces composés sont des créations du poète comique qui s'en prend à ses têtes de Turc habituelles, et parmi elles ces fainéants (de *argos*, « inoccupé, sans activité ») aux longs cheveux (*komètès*) occupés de leurs bagues (*sphragis* désigne le sceau, qui est souvent un chaton de bague) et de leurs ongles (*onux*), ou ces « tourneurs de strophes » (*asmatokamptas*, de *asma*, « le chant », et *kamptein*, « tourner, courber ») qui fréquentent les *Nuées,* composé qui dénonce les poètes du nouveau dithyrambe en vogue dans les dernières années du Ve siècle ; quant aux *meteôrophenakes*, ce sont des charlatans (*phenakes*) qui discourent dans les nuées (*meteôros*, « suspendu dans l'air ») à l'exemple de Socrate, et les disciples de ces sophistes qui se perdent dans les nues (les *meteôrosophistai*) salués par le chœur des *Nuées* un peu plus loin, au vers 360.

On mesure à ces exemples la liberté qui était celle des poètes pour créer de nouveaux termes composés.

Nous n'avons rien dit des composés dont le premier terme est une préposition. Ils sont légion ! Citons *ephèmeros* (composé de la préposition *epi*, « pendant », et du mot *hèmera* qui signifie « le jour ») et son double dorien qu'affectionne Pindare, *epamerios* (« soumis au destin du jour, qui ne dure qu'un jour »), terme cher aux poètes archaïques pour évoquer la fragilité du destin des mortels. Nous lui devons notre « éphémère », qui ne dure qu'un jour, et, par l'intermédiaire du latin, notre « éphéméride ».

Le style intellectuel et contrôlé de Sophocle nous offre moins d'exemples de créations verbales, mais il joue à merveille des composés verbaux. Et comment oublier le vers sublime par lequel Antigone répond à Créon (*Antigone*, 523) : « Je suis de ceux qui aiment, non de ceux qui haïssent », traduit Paul Mazon ? L'idée est rendue, mais non la densité du vers de Sophocle qui ne compte que cinq mots[1] et doit sa force à l'opposition des deux composés, les verbes haïr (*echthein*) et chérir (*philein*), composés l'un et l'autre à l'aide de la même préposition *sun-*, « avec », qui indique l'accompagnement, le fait d'avoir part à : « Je suis née pour partager non la haine (*sunechthein*) mais l'amour (*sumphilein*). »

Mentionnons encore, par scrupule, les composés avec un *a-* privatif (équivalent à une négation) comme *agamos*, « non marié, célibataire », construit sur *gamos*, « le mariage », *agraphos*, « non écrit », sur *a + graphein*, « écrire », *achreios*, « inutile », sur *a + chreia*, « le besoin, l'utilité », etc. ; ou les composés construits sur *auto-*, « soi-même, par soi-même » comme *autarkès*, « qui se suffit à soi-même », *autographos*, « autographe », ou *autodidaktos*, « qui s'instruit par lui-même, autodidacte », etc.

Outre cette facilité à créer des composés, aussi bien techniques et familiers que poétiques, le grec disposait d'un grand nombre de suffixes, parfois hérités de l'indo-européen, comme *-ma*, utilisé en grec pour former des dérivés verbaux exprimant le résultat de l'action ou l'objet dans lequel s'incorpore l'action – ce qui s'accorde avec le genre neutre qui est celui de ces dérivés –, ou *-ti* (qui, à la suite d'une évolution phonétique qui lui est

---

1. *Outoi sunechthein alla sumphilein ephun*, dont la traduction mot à mot pourrait être « non pour haïr avec, mais pour aimer avec, je suis née ».

propre, a donné *-si* dans le dialecte attique), four-
nissant des noms d'action ou désignant l'agent, ce
qui s'accorde avec le genre animé de ces dérivés.
Ces suffixes ont connu un immense développement aussi bien dans les mots simples que dans les
composés, car le grec, à partir du Vᵉ siècle, possède
la faculté de créer sans limites des dérivés en *-sis*
ou en *-ma* à partir de n'importe quel verbe : on
parle alors de « système de dérivation ». Nous
avons déjà évoqué (chapitre 3) l'opposition entre
ces deux types de dérivés qui nous vaut, en français, le doublet poème/poésie, hérité de l'opposition *poièsis/ poièma*. Nous nous contenterons ici
d'illustrer par quelques exemples l'usage que
poètes et prosateurs ont pu faire de ces systèmes
de dérivation.

La langue poétique a multiplié les formes en
-ma, qui lui fournissaient des doublets précieux :
Eschyle, pour désigner « la parole », crée sur le
verbe *bazô,* « parler », le dérivé *bagma*, qui est un
hapax (un mot attesté une seule fois) ; et Euripide,
à son exemple, crée sur *aiazô,* « gémir », *aiagma*,
« gémissement », qui reste lui aussi un hapax. Sur
piptô, « tomber », dont le dérivé usuel est *ptôma*,
« le fait de tomber, la chute », les Tragiques ont
créé la forme *pesèma* qui a le même sens. Ces
dérivés en *-ma*, qui constituent souvent le doublet
emphatique de substantifs plus courants, sont particulièrement abondants chez Eschyle, et chez
Euripide qui renoue ici, comme souvent, avec la
tradition eschyléenne.

Et Aristophane, là encore, nous apporte une confirmation du développement de ce type de dérivés chez Euripide. Dans les *Acharniens*, au cours du dialogue entre le héros Dicéopolis et Euripide, il emploie à dessein le mot poétique *peplôma* à la place de *peplos*, avec le même sens (« étoffe qui sert à recouvrir, vêtement »), et *rakôma* de *rakos* pour désigner les haillons ou les guenilles. Mais cet emploi n'est pas fait au hasard, comme on le voit dans cet extrait du dialogue :

Euripide (à son serviteur) : « Quels lambeaux de vêtements (*peplôn*) notre homme réclame-t-il donc ? (À Dicéopolis :) Est-ce que tu veux les habits (*peplômata*) crasseux que portait Bellérophon ? »

Dénégation de Dicéopolis qui souhaite obtenir les guenilles de Télèphe, guenilles qu'Euripide lui concède avec grandeur, mais en recourant, en écho à *peplômata*, et également en fin de vers, au mot *rakômata*, mot qui ne se rencontre nulle part ailleurs dans ce théâtre, doublet du simple *rakos* employé au vers suivant, pour éviter toute ambiguïté, et désignant comme lui les haillons :

« Esclave, donne-lui les loques (*rakômata*) de Télèphe.

Elles sont juste au-dessus des haillons (*rakos*) de Thyeste. »

Il est clair qu'Aristophane a forgé ce doublet pour parodier la grandiloquence affectée d'Euripide et son goût pour ce genre de dérivés.

L'existence de ces deux suffixes -*ma* et -*ti/si* permettait aussi aux savants et aux philosophes d'opposer commodément l'expression de l'état et celle de l'action. La langue précise des médecins y a souvent eu recours. Chez Hippocrate, l'« ulcération » (*helkôsis*) s'oppose à *helkôma*, l'ulcère qui en résulte ; *kataplasis* désigne « le fait d'appliquer un remède » et s'oppose à *kataplasma*, « l'application elle-même », d'où vient directement notre « cataplasme » ; *oidèsis*, « le fait d'enfler », se distingue d'*oidèma,* « l'enflure », qui a donné « œdème » en français. De même, l'opposition entre *mathèsis*, « le fait d'apprendre », dont la valeur active est des plus nettes, et *mathèma* qui désigne « l'objet de l'étude, la science » est exploitée par la pensée philosophique qui créera bientôt un nouveau dérivé de *mathèma*, l'adjectif *mathèmatikos* d'où vient notre « mathématique ». De même que Platon crée sur *dokein* le substantif *dogma*, « opinion », appelé lui-même à avoir deux dérivés, le verbe *dogmatizô*, « opiner », et l'adjectif *dogmatikos* qui nous a légué le français « dogmatique ».

Quelques mots pour finir sur ce suffixe -*ikos*, si productif en grec, également bien connu du latin (songeons à *modicus*, construit sur *modus*, ou à *publicus*), dont nous avons ensuite hérité et qui est encore fécond aujourd'hui, comme nous le verrons plus loin (chapitre 8).

Tout commence très modestement puisque ce suffixe sert essentiellement chez Homère à former des adjectifs dérivés de noms de peuples : *Achaï-*

kos, « achéen », formé à partir de Achaios ; *pelasgi-kos*, « pélasgique », dérivé de Pelasgoi ; *Trôikos*, « troyen », de Trôes ; sans doute *attikos* est-il de même formé sur *Atthis*. Sur ce modèle, Bacchylide a créé *barbarikos* sur *barbaros*. Et il revient à Pindare d'être le premier à glorifier la *mousikè* – notre « musique » –, féminin de l'adjectif *mousikos*, dérivé de *mousa*, la Muse. Sous l'influence des sophistes, dans le dernier tiers du Ve siècle et tout au long du IVe siècle, le système des adjectifs en *-ikos* connaît un grand développement. Euripide a bien plus de mots en *-ikos* que Sophocle et Eschyle, et Thucydide en compte trois fois plus qu'Hérodote. Aristophane nous confirme que ces dérivés font partie du vocabulaire des « intellectuels », puisqu'il y recourt systématiquement quand il parodie le langage des sophistes. Ainsi, dans les *Cavaliers* (1375-1381) :

« Je parle de ces freluquets du marché aux parfums qui, assis là, débitent des fadaises de ce genre : "Quel talent que ce Phaiax ! Et qu'il eut de l'esprit de ne pas mourir ! Quel habile argumentateur (*sunertikos*) ! Et habile raisonneur (*perantikos*), de sentences habile forgeur (*gnômotupikos*), et clair, et charmeur (*kroustikos*), puissant hypnotiseur (*katalèptikos*) de tout interrupteur (*thorubètikon*) !

– N'es-tu pas l'habile manipulateur (*katadaktulikos*) de cet habile phraseur (*lalètikos*) ? »

L'accumulation de huit formes en *-ikos* en quatre vers pour parodier le langage de ces

pseudo-intellectuels est d'un effet comique très
sûr ; elle prouve bien que, si ces formations
caractérisent le langage des intellectuels, leur abus
est le propre des sophistes besogneux et des
pédants.

Même parodie et même effet comique dans le
dialogue entre Socrate et le paysan Strepsiade venu
faire part au maître de son désir de s'instruire dans
les *Nuées* (v. 483 *sq.*) : « As-tu des dispositions
pour retenir (*mnèmon**ikos***) ? » demande Socrate.
Mais Strepsiade recule devant un mot si savant et
répond simplement : « Je me souviens (*mnèmôn*)
bien... quand on me doit de l'argent ; mais si c'est
moi qui en dois par malheur, j'oublie complètement. »

Ces adjectifs en -*ikos*, qui à l'origine expriment
l'appartenance à un groupe, ont souvent servi à
évoquer les aptitudes ou les dispositions d'une personne. Et c'est toujours l'adjectif en -*ikos* corres-
pondant qui accompagne le substantif *technè*,
« art », pour désigner un métier ou un art : *gra-
phikè technè*, « la peinture », *polemikè technè*,
« l'art de la guerre », *stratègikè technè*, « l'art du
stratège », *kritikè technè*, « l'art de discerner et
juger » (chez Platon et Aristote), etc.

On comprend qu'un suffixe d'un emploi si aisé
et susceptible d'exprimer toutes sortes de rapports
ait été mis à contribution pour la constitution d'un
vocabulaire philosophique. Sa valeur d'appartenance lui a permis de jouer un rôle classificateur et
cette aptitude en a fait un outil précieux. Les dia-

logues de Platon regorgent d'adjectifs en *-ikos,*
dont un bon nombre sont des hapax. La lecture du
Sophiste ou du *Politique* est, sur ce point encore,
particulièrement révélatrice. Tantôt formés sur des
substantifs (*thaumatopoios* signifie « jongleur » et
thaumatopoïikon, au neutre, ou *thaumatopoïikè
(technè),* créations platoniciennes, « l'art du jongleur »), tantôt à partir d'adjectifs en *-tos* (sur *pro-
somilètos* signifiant « qui fréquente les gens, qui est
sociable », on a *prosomilètikè*, « l'art de vivre en
société »), tantôt créés librement comme *eidôlour-
gikos*, « qui concerne la fabrication d'images », à
partir de *eidôlon*, « image », et de *ergon*, « fabrication, ouvrage » ; ou *mathèmatopolikos*, « qui vend
sa science », à partir de *mathèma*, « la science », et
de *pôlès,* « le marchand ». Les formations en *-ikos*
se multiplient chez Aristote. Le développement de
la dialectique, qui procède par division et classe les
notions, a favorisé le développement du suffixe, ce
qui met une nouvelle fois en lumière le rôle joué
par la science et la philosophie dans le développement du vocabulaire grec.

Le Nouveau Testament à son tour adopte ou
crée des mots en *-ikos*, comme *pneumatikos*, « qui
concerne le souffle (c'est-à-dire l'esprit) », *katholi-
kos*, « universel », à partir de *katholou* qui désigne
la totalité, ou encore *leitourgikos* (d'où vient notre
mot « liturgique ») formé sur *leitourgia* qui désigne
alors le service du culte, ou *ekklèsiastikos*, formé
sur *ekklèsia* (notre « église »), qui désigne ce qui
concerne l'assemblée des fidèles.

Resté productif dans la *koinè* à l'époque byzantine et dans le grec moderne, ce suffixe a été emprunté par le français qui a constitué une série importante d'adjectifs en *-ique*. Ils servent aujourd'hui encore à définir des catégories et relèvent toujours du vocabulaire des intellectuels. Nous avons conservé la musique, la mathématique, la physique – et la métaphysique, « qui vient après (*meta*) la physique » –, la logique, la dialectique, la mécanique, la rhétorique, l'éthique et la critique, sans compter les académiques, les sceptiques, les dogmatiques, les empiriques et bien d'autres... Et nous avons créé, au fur et à mesure qu'un nouveau champ du savoir se dessinait, des adjectifs ou des noms correspondants en *-ique* : analytique, formé sur le mot grec *analusis* (analyse, ou action de distinguer en les séparant les composants d'un ensemble), psychiatrique, psychanalytique et psychédélique, informatique et télématique... et l'on pourrait facilement allonger la liste. Nos contemporains semblent aujourd'hui engoués d'adjectifs en *-ique* comme programmatique, problématique ou systémique, mais ils en oublient parfois le sens exact ! Un exemple : l'adjectif « problématique » est ancien dans la langue et signifie « douteux, aléatoire » ou, comme on aime à dire aujourd'hui, « qui fait problème ». Le substantif « la problématique » est beaucoup plus récent, puisqu'il est entré dans la langue dans les années 1930 pour désigner « l'art de poser les problèmes », ce qui suppose un réel talent « heuristique », c'est-à-dire dans « l'art de décou-

vrir ». On ne peut donc que sourire quand on
entend un journaliste évoquer avec gravité « la problématique du dopage » dans les activités sportives ;
il est clair qu'en l'occurrence le mot « problème »
eût suffi pour exprimer l'idée, et que le choix d'un
dérivé en *-ique* est un signe de pédantisme, une
affectation inutile et vaine qui attend son Aristophane ou son Molière ! Naturellement, il faut
accueillir dans la langue les mots nouveaux utiles, et
le dictionnaire de l'Académie en accueille des milliers ; mais « utile » implique que la langue n'ait pas
déjà de mot clair en usage pour traduire cette nouvelle réalité ou nouvelle idée. Saluons donc les créations rationnelles du grec qui nous fournissent,
aujourd'hui encore, les bases de nos classements
intellectuels, et, à l'exemple d'Aristophane, conti-
nuons de rire des pédants et des faux savants.

Pour conclure brièvement sur l'élaboration du
vocabulaire grec, deux traits nous semblent devoir
être mis en lumière. Du Ve siècle avant J.-C. jusqu'à
la fin du monde antique, plusieurs facteurs ont permis de maintenir sa cohérence et son unité. Tout
d'abord, la prééminence intellectuelle d'Athènes a
tendu à faire disparaître le vocabulaire dialectal
(béotien, crétois ou autre), et les mots du vocabulaire scientifique ou politique créés à Athènes sont
ceux que nous avons empruntés. Surtout, la langue
a utilisé les suffixes nominaux de manière systéma-
tique, en leur conférant une fonction définie, et ce
système de dérivation a été d'une efficacité sans

pareille pour la constitution d'un vocabulaire intellectuel et scientifique.

Nous avons souligné ici le rôle des dérivés en -*sis* et en -*ma* et celui du suffixe -*ikos* dont le développement fut étroitement lié au développement de la réflexion morale et scientifique. Nous aurions pu signaler également le rôle du suffixe -*tèt* en attique (-*tat* dans les autres dialectes), qui a permis l'élaboration de substantifs construits sur des adjectifs et désignant des qualités[1] – *hosiotès* (piété), formé sur l'adjectif *hosios* (pieux), *isotès* (égalité), formé sur *isos* (égal), etc. Le développement de ces suffixes, si l'on y ajoute l'emploi de l'article, de l'infinitif substantivé et du neutre substantivé, a permis au grec du Ve et du IVe siècle d'élaborer une langue philosophique et technique. La composition a joué aussi son rôle, avec des éléments initiaux peu nombreux – des prépositions, ou des adverbes comme *eu*-, « bien », *dus*-, « mal », *polu*-, « beaucoup », *mono*-, « seul », ou des verbes comme *philo*-, « aimer », *miso*-, « détester ».

Tout cela a constitué un système efficace et suffisamment cohérent pour résister à la conquête romaine comme à la christianisation. Le christianisme a pu faire évoluer le sens de certains mots : le substantif désignant « le calomniateur », *diabolos*, a été choisi pour désigner Satan, l'ennemi des hommes et de Dieu, « le diable », et « le messager », *aggelos*, est devenu « l'ange ».

---

1. Le mot français « qualité » vient lui-même du latin *qualitas* forgé à l'imitation du grec *poiotès*.

Mais en dépit de tous les bouleversements politiques et idéologiques, s'est maintenue une tradition de la prose littéraire grecque, avec Lucien au IIe siècle de notre ère, l'empereur Julien au IVe siècle ou les Pères de l'Église. Et dans cette prose, le système du vocabulaire attique demeure pour ainsi dire inaltéré et le système suffixal quasi inchangé. Il a ainsi pu former le noyau du vocabulaire scientifique et moral de l'Europe où son influence est encore sensible aujourd'hui [1].

---

1. Sur cette influence, voir notre chapitre 8.

5

À propos du verbe
(voix, modes et temps)

Ne le cachons pas : le système verbal du grec ancien est complexe et – rassurons notre lecteur – il n'est point question d'aborder dans ce petit livre l'examen des diverses conjugaisons. Nous ne nous intéresserons, ici encore, qu'à quelques-unes des singularités et originalités qui permettent l'expression de nuances de sens que nous avons parfois perdues.

Première originalité : le grec possède trois voix, active, moyenne et passive. Selon les définitions traditionnelles, à la voix active le sujet fait l'action ; à la voix moyenne, il est intensément impliqué dans l'action ; et à la voix passive, il subit l'action. En fait, l'indo-européen n'avait transmis au grec que deux voix, l'active et la moyenne. La voix passive est apparue beaucoup plus tard et ne se différencie des formes du moyen qu'à deux temps, le futur et l'aoriste, pour tous les modes ; aux autres temps, le passif a les mêmes formes que le moyen – ce qui réjouira nos futurs élèves ! Et – miracle ! – les ambiguïtés de sens qui résultent de cette situation sont rarissimes.

Les modes personnels sont au nombre de quatre : indicatif, impératif, subjonctif (qui indique ce qui va se passer) et optatif (qui indique ce qui peut se passer). Le grec, reconnaissons-le, n'a pas de conditionnel ; il y remédie en usant de l'optatif ou d'un temps secondaire de l'indicatif (selon que l'on évoque ce qui *serait* possible ou ce qui *aurait été* possible), accompagné d'une particule modale *an*. Les modes impersonnels sont les mêmes qu'en français, le participe et l'infinitif, mais ils sont attestés pour chacun des temps ou presque (présent, aoriste, parfait, futur) et peuvent, nous l'avons vu, l'un et l'autre être substantivés.

Cette possibilité de substantiver participe et infinitif, et de placer entre l'article et la forme verbale toutes sortes de compléments est sans doute l'une des grandes originalités du grec. Nous l'avons évoquée au chapitre précédent. Nous ne dirons rien de plus ici de l'emploi des modes, ce qui ne manquera pas de rassurer le lecteur ! Nous l'invitons seulement à admirer l'effet que tire un Démosthène de l'infinitif substantivé dans la *Troisième Olynthienne* quand il évoque les qualités des hommes politiques du passé (§ 26). La traduction de Maurice Croiset propose : « Loyaux envers les Grecs, pieux envers les dieux, respectueux de l'égalité dans la cité, ils réalisèrent, comme il était naturel,

une admirable prospérité. » Mais Démosthène ne
se borne pas ici à décrire des caractères, des atti-
tudes morales, comme pourrait le laisser croire
l'emploi des adjectifs qualificatifs : il analyse une
méthode de gouvernement. Car le grec dit précisément : « Grâce au fait de se conduire envers les
Grecs avec loyauté, envers les dieux avec piété, et
chez eux avec le sens de l'égalité, etc. » En usant
d'une forme verbale unique – l'infinitif substantivé
ek tou dioikein qui isole la notion –, la phrase
grecque fait ressortir la constance d'une seule et
même attitude vertueuse envers tous ceux avec lesquels les hommes politiques étaient alors en
rapport – les autres Grecs, les dieux, leurs conci-
toyens – et pour chaque groupe un adverbe,
terminé par -*ôs*, précise la qualité manifestée
– loyauté, piété, respect de l'égalité –, créant une
sorte de rime interne qui accroît la force de la
formulation. Ici encore, le caractère analytique de
la langue suscite l'admiration.

Quant aux temps, le grec ancien en possède sept
à l'indicatif : le présent, l'imparfait, le futur,
l'aoriste, le parfait, le plus-que-parfait et le futur
du parfait. Mais alors que le français s'intéresse à
l'expression de la chronologie et du temps relatif,
est sensible au fait qu'une action est antérieure ou
postérieure à une autre, en grec, les considérations
d'aspect sous lequel se présente l'action – duratif
ou ponctuel, marquant le début ou la fin de
l'action par exemple – priment sur les considérations de pure chronologie ; l'important est alors de

savoir si l'action en est à ses débuts, si elle est en train de se dérouler ou si elle s'achève – toutes notions que le français rend par des périphrases comme « je *me mets à* déjeuner », « je *suis en train de* déjeuner » ou « je *finis de* déjeuner », tant au présent qu'au passé ou au futur.

Mais commençons par nous intéresser à cette étrange voix moyenne dont nous semblons nous passer si bien aujourd'hui en français. Elle dénote une implication intense du sujet dans l'action, si bien que certains verbes sont toujours au moyen, comme le verbe qui signifie « vouloir » (*boulomai*) ou celui qui signifie « devenir » (*gignomai*) ou *aisthanomai* (« percevoir, se rendre compte, sentir ») ou encore *dechomai* (« recevoir, accueillir »), tous verbes pour lesquels l'engagement du sujet dans l'action est incontestable. Le moyen est souvent aussi un équivalent de nos formes pronominales : ainsi, à côté de *louô*, « je lave », on trouve le moyen *louomai* qui signifie « je *me* lave » ; à côté de *apechô,* « je tiens éloigné », *apechomai* signifie « je *me* tiens éloigné, je m'abstiens ».

Aristophane tire de certains emplois du moyen des effets comiques. Les premiers vers des *Guêpes*, pièce que Racine imita dans ses *Plaideurs*, présentent deux serviteurs préposés à la garde de Philocléon, leur vieux maître, qui ne rêve que de s'enfuir pour aller juger au tribunal. Ils ont un certain mal à rester éveillés au cœur de la nuit. D'où ce dialogue, sans doute ponctué de bâillements, qui ouvre la pièce :

« Hé, toi ! Qu'est-ce qui t'arrive, malheureux Xanthias ?

– Je m'apprends (moyen *didaskomai*) à cesser une garde de nuit. »

Le moyen *didaskomai* est le dernier mot du vers (mot à mot : « Comment on cesse une garde de nuit, je suis en train de me l'apprendre »), ce qui déclenche les rires du public dès l'attaque de la pièce.

Particulièrement intéressants sont les cas où l'actif et le moyen sont en concurrence, car alors la différence de sens se perçoit parfois très nettement. Ainsi certains verbes ont une valeur factitive à l'actif : *geuô* qui signifie à l'actif « je *fais* goûter » ou *pauô*, « je *fais* cesser », signifient respectivement au moyen « je goûte » (*geuomai*) et « je cesse » (*pauomai*). Plus intéressant encore, si nous considérons le vocabulaire politique, nous constatons que le législateur « propose des lois » (*graphein nomous*) à l'actif tandis que le peuple « se donne des lois » (*graphesthai nomous*) au moyen ; que le citoyen dépose son jeton de vote et vote des décrets (*psèphidzomai*) au moyen tandis que le magistrat fait voter, met aux voix, à l'actif (*psèphidzô*). Et si nous quittons la politique pour la morale, nous rencontrons *aischunô*, « déshonorer », à l'actif, alors que le moyen *aischunomai* signifie « avoir honte », ou encore *pseudô*, qui signifie « tromper », à l'actif, alors que le moyen *pseudomai* signifie le plus souvent « mentir ».

Telles sont les nuances que permet la voix

moyenne, voix qui souvent donne de la vie aux activités quotidiennes ; ainsi, le moyen de *epaggellô*, « annoncer », peut signifier « je promets, je m'engage » ; l'actif *paratithèmi* signifie « placer auprès de, présenter, offrir » mais le moyen *paratithemai* peut avoir le sens de « je me fais servir à table ». On opposera la première scène des *Acharniens*, au cours de laquelle les ambassadeurs athéniens de retour de chez le Grand Roi évoquent le succès de leur ambassade en ces termes : « Il nous faisait servir (*paretithei*, actif, « il nous présentait ») des bœufs entiers cuits au four », à la scène du *Cyclope* d'Euripide où le poète décrit, en recourant au moyen, le Cyclope vaquant lui-même aux préparatifs de son repas : « ... il se prépara (*paretheto*, moyen) une coupe de lierre, large de trois coudées. »

Et pour finir, en hommage aux tenants des « *Gender studies* », nous n'oublierons pas de rappeler que *gameô*, à l'actif, est employé pour l'homme qui « prend une femme », alors que la femme, elle, « se donne en mariage », au moyen, (*gameomai*)... Si, exceptionnellement, *gameomai* est employé pour un homme, c'est toujours par dérision ! Et l'inverse est tout aussi vrai, comme on le voit dans le vers qu'Euripide met dans la bouche de Médée au cours de son altercation avec Jason. Face à un Jason doucereux, mais sûr de son bon droit, qui exhorte son ex-épouse à la sagesse et à la modération, Médée ironise :

« Médée : Insulte-moi. Car tu sais où te réfugier. Moi, je suis seule et je suis bannie.

Jason : C'est toi qui l'as voulu. N'accuse que toi-même.

Médée : Comment ? Ai-je pris femme (*gamousa*, forme active), moi ? T'ai-je trahi ? »

Mettre la forme active du verbe dans la bouche d'une femme est d'une hardiesse sans pareille : Médée se met ironiquement à la place de Jason, et la transposition amère, dénonciatrice, reste sans réponse.

Abandonnons l'analyse des valeurs du moyen sur cette citation sans nous appesantir davantage sur le statut des femmes d'hier et d'aujourd'hui, et abordons la délicate question de la valeur des temps en grec.

En grec comme en français, l'emploi des temps semble fondé sur la distinction entre passé, présent et futur. Pourtant, cette impression est trompeuse. En fait, comme nous l'avons déjà suggéré, le choix du temps résulte, en grec, de *deux* préoccupations conjointes : on cherche, comme en français, à rattacher l'action à une tranche temporelle déterminée – au présent, au passé ou à l'avenir –, mais on se préoccupe également de faire saisir certains caractères de l'action qui nous semblent accessoires – le point de développement de l'action, son déroulement partiel ou total, son aboutissement –, considérations qui concernent l'*aspect* de l'action et qui n'entrent guère en compte dans le système des temps du français. L'opposition entre les *thèmes*[1] de présent, d'aoriste et de parfait, constitue l'armature du système :

L'aoriste exprime l'idée verbale nue, c'est-à-dire indépendamment de la réalisation concrète de l'action et sans aucune considération de durée. On dit parfois que sa valeur est « ponctuelle ».

Le présent, au contraire, prend en compte la réalisation concrète du procès et peut exprimer durée, continuité, effort, répétition, ce qui peut faire préférer l'imparfait (construit sur un thème de présent) à l'aoriste pour souligner la durée d'une action située dans le passé.

Quant au parfait, il exprime le résultat présent et définitivement acquis d'une action passée.

Quelques exemples permettront de saisir la différence entre ces trois thèmes temporels : « être en fuite » se dira au présent (*pheugein*) ; l'aoriste (*phugein*) signifiera alors l'*idée* abstraite de fuir, ou l'*entrée* immédiate dans l'action (« prendre la fuite ») ; enfin, le parfait (*pepheuga*) signifiera « avoir échappé par la fuite, être hors de danger ».

Un passage du *Criton* de Platon joue subtilement du rapprochement et de l'opposition entre présent et parfait en usant du verbe signifiant « délibérer, consulter », verbe dont le parfait a pour sens « aboutir à une décision, décider, après délibération ». Le dialogue se tient à la veille du retour du

---

1. Le mot « thème » est employé ici dans un sens technique. Il désigne la forme du radical sur lequel est construite la forme verbale.

navire rentrant de Délos, à l'arrivée duquel Socrate doit mourir. Criton, un proche de Socrate, fait une ultime tentative afin de convaincre le philosophe d'accepter l'aide de ses amis pour s'évader et échapper à la mort :

« Eh bien ! Consulte-toi (présent duratif *bouleuou*) ! mais non ! Ce n'est plus l'heure de consulter (*bouleuesthai*, présent) ; ta résolution doit être prise (parfait *bebouleusthai*) » (*Criton*, 46 A).

Pour l'opposition entre aoriste et parfait, citons cet exemple si clair d'Eschine qui rend, par la simple opposition des thèmes temporels, à l'aoriste le sentiment d'effroi qui tout à coup le saisit et au parfait le trouble durable qui en résulte : « Je fus effrayé (aoriste *ephobèthèn*) et je suis encore tout troublé (parfait *tethorubèmai*) ».

Pour exprimer à l'indicatif une action passée, imparfait et aoriste sont donc en concurrence. L'imparfait, construit sur le thème de présent, souligne les conditions de réalisation concrète de l'action (durée, répétition, effort, etc.), alors que l'aoriste mentionne plus abstraitement. Une phrase de Lysias, au début de la narration du *Contre Diogiton*, illustre bien cette opposition :

« Ils étaient deux frères, Diodotos et Diogiton, nés du même père et de la même mère. Ils s'étaient partagé (aoriste *eneimanto*) la fortune mobilière, mais gardaient indivis (imparfait duratif *ekoinônoun*) les biens immobiliers. »

Rappelons enfin le moment dramatique du discours *Sur la couronne* au cours duquel Démosthène évoque la prise d'Élatée, petite cité située au nord de l'Attique, par Philippe :

« C'était le soir ; on vint annoncer aux prytanes l'occupation d'Élatée (mot à mot "qu'Élatée se trouvait avoir été prise"). Après cela, les uns aussitôt, se levant au milieu de leur dîner, chassaient les gens des boutiques de la place du marché [...] tandis que les autres convoquaient les stratèges et appelaient le trompette... »

La plupart des verbes, dans ce tableau d'une heure si dramatique pour Athènes, sont à l'imparfait dont la valeur descriptive ressort nettement. Une exception cependant : le parfait *kateilèptai*, qui évoque la prise de la cité désormais *durablement* occupée, parfait que le traducteur, Georges Mathieu, a rendu par un substantif – l'occupation – soulignant le résultat définitif de la défaite grecque face à Philippe.

Attardons-nous donc quelques instants sur ce parfait dont le français n'a pas l'équivalent, et, ici encore, partons d'Homère. L'épisode de la mort de Cébrion, le vaillant cocher d'Hector, tué par Patrocle, épisode qui intervient au chant XVI de l'*Iliade* (v. 736 *sq.*), en fournit un exemple lourd de sens et de pathos :

« Patrocle a atteint[1] le cocher d'Hector, Cébrion, bâtard de l'illustre Priam, qui tient les rênes du char. La pierre aiguë l'a frappé au front ;

---

1. Nous maintenons ici le passé du grec par souci pédagogique, malgré Paul Mazon qui, dans son élégante traduction, préfère des présents historiques.

elle a broyé les deux sourcils ; l'os ne l'a pas arrêtée ; les yeux sont tombés à terre, dans la poussière, aux pieds de Cébrion. »

Après cette succession d'aoristes énumérant les étapes de cette mort, c'est la lutte autour du corps de Cébrion :

« ... Autour de Cébrion, par centaines, des piques aiguës viennent se planter au but, ainsi que des flèches ailées, jaillies de la corde d'un arc ; de grosses pierres par centaines vont heurter les boucliers de tous les hommes qui luttent autour de lui, tandis que lui-même, dans un tournoiement de poussière, est là, son long corps allongé à terre, oublieux des chars à jamais. »

Les derniers mots opposent ainsi, tout à coup, à la description de la mêlée furieuse, la vision de ce gisant, étendu de tout son long, « ayant oublié l'art des chars » (*lelasmenos hipposunaôn*) ; le grec a employé ici le parfait (*lelasmenos*, immédiatement reconnaissable par le redoublement initial en *e*, ici *le-*), qui traduit l'impression de l'irrémédiable, d'un destin achevé. Cébrion est, pour toujours, dans l'état de quelqu'un qui a oublié. Et c'est ce que cherche à rendre Paul Mazon en traduisant « oublieux des chars *à jamais* » ; cet « à jamais » n'est pas dans le grec et pourrait passer pour une inexactitude de traduction ; or au contraire, cet ajout permet de rendre la force du parfait qui fige Cébrion dans l'oubli de la mort.

Au chant XVIII, Achille, en proie à un sombre pressentiment, s'interroge sur les étranges mouve-

ments des combattants et l'absence prolongée de
Patrocle, quand Antiloque arrive pour lui faire part
de la funeste nouvelle. Il le trouve « qui justement
songe en son âme à ce qui est déjà chose accomplie
(*tetelesmena*) ». Encore un parfait pour marquer
l'accomplissement du destin, le résultat présent et
durable des événements passés.

Quittons Homère pour Euripide, l'Euripide de
l'*Hippolyte* qui fascina Racine et qu'il imita de si près
dans sa *Phèdre*. Quand Phèdre entre en scène chez
Euripide, portée par ses suivantes, elle n'est plus que
l'ombre d'elle-même ; privée de forces, se dressant
avec peine, elle affirme que ses membres ne peuvent
plus la soutenir ; plus exactement, elle se déclare
– mot à mot – « déliée quant aux articulations de ses
membres », et Louis Méridier traduit :

« Je sens brisées les articulations de mes
membres », auquel nous préférerions peut-être :
« Je sens rompues les attaches de mes membres. »

« Je sens » est ici, en apparence, légèrement
inexact : le verbe, en effet, n'est pas dans le texte
grec. Mais l'expression rend bien la valeur du parfait *lelumai* et décrit l'épuisement qui résulte de
ce que Phèdre a souffert. Il souligne en outre les
conséquences présentes de son mal ; elle *se sent*
comme cela. Racine renonce à traduire l'expression
exactement, pour dire (acte I, scène 3) :

« Et mes genoux tremblants se dérobent sous
moi. »

C'est la même idée ; mais le parfait grec marque
avec plus de force encore le côté dramatique de la

chose achevée, l'aspect inéluctable de la situation créée que l'on sent désormais présente, durable et irrémédiable.

Et l'on saisira pleinement la valeur du thème de parfait en analysant la forme, que risque Thucydide, d'un futur du parfait, temps dont l'emploi est rare, mais qui prend dans le dernier discours de Périclès (*Histoires*, II, 64), un relief tout particulier. L'intervention du stratège est la dernière que lui prête Thucydide et précède de peu la disparition de l'homme d'État qui mourut la même année. Elle prend place au cours de la deuxième année de guerre, à un moment où les Athéniens, découragés de voir une nouvelle fois leurs terres ravagées par les incursions ennemies, en proie, de plus, à l'épidémie de peste qui sévit à l'intérieur des « Longs Murs » protégeant la cité, sont tentés d'entamer des pourparlers de paix. Périclès les convoque à l'Assemblée pour leur redonner courage et les inciter à tenir bon. En conclusion de son discours, il évoque « le grand nom d'Athènes », connu de la terre entière :

« Comprenez que cette cité jouit dans le monde entier du renom le plus haut, cela parce qu'elle ne se laisse pas dominer par les malheurs et qu'elle s'est dépensée à la guerre (parfait *anèlôkenai* qui souligne le résultat acquis) plus que toute autre, en hommes et en efforts ; comprenez qu'elle a ainsi acquis (*kektèmenè*, parfait résultatif, c'est un état définitif) la puissance la plus considérable à ce jour et que, pour les générations à venir, même si à présent il nous arrive jamais de fléchir – car tout comporte aussi un déclin –, le souvenir en sera préservé éternellement (*kataleleipsetai*). »

Le futur du parfait (*kataleleipsetai*) traduit ici magnifiquement l'idée que cette grandeur d'Athènes a, quoi qu'il puisse advenir, existé, et que l'on s'en souviendra à jamais. Ce qui a constitué cette grandeur est ensuite précisé par une succession d'aoristes abstraits, énonçant les procès dans leur nudité :

« Aucun peuple grec n'a exercé en Grèce un aussi grand empire (*èrxamen*), nous avons fait face (*anteschomen*), dans les guerres les plus importantes, à des adversaires aussi bien unis qu'isolés et nous avons habité (*ôikèsamen*) une ville qui fut la mieux pourvue de tout et la plus grande. »

Et le discours s'achève sur l'idée que, si haine et envie ont toujours été le lot de ceux qui ont prétendu à l'empire, « la haine ne tient pas longtemps, mais l'éclat dans le présent, avec la gloire pour l'avenir, reste (*kataleipetai*, présent duratif) à jamais dans les mémoires (*aeimnèstos*) ». Le futur du parfait a donc bien traduit ici l'ultime profession de foi de Périclès – l'homme qui voulut aussi les constructions de l'Acropole –, dans la pérennité du souvenir que devait laisser la grandeur d'Athènes. L'avenir ne l'a pas démenti !

6

Le jeu des particules,
ou de l'art d'interpréter l'intraduisible

En grec ancien, chaque phrase, en règle générale, se rattache à la précédente au moyen d'une
particule de liaison. Le mot « particule », à colora-
tion scientifique, peut surprendre, mais les grammairiens n'ont rien trouvé de mieux pour nommer
l'une des merveilles du grec ancien. Ces petits mots
– *ge, de, te, men, oun, au, ara, atar,* etc. –, parfois
réduits à une seule lettre par l'élision – *g', d', t'* –,
étaient un guide indispensable à la lecture dans
l'Antiquité ; car dans les papyrus, la ponctuation
était rare et les mots n'étaient pas systématiquement séparés les uns des autres. Les particules dites
« de liaison », sortes d'agrafes, permettaient alors
de repérer l'enchaînement des propositions et, souvent, de préciser les liens logiques ou affectifs qui
les unissent les unes aux autres. Le français, qui
juxtapose plus qu'il ne coordonne, ne traduit pas
toutes les particules, mais leur présence oriente

l'interprétation du traducteur. Qu'elles indiquent une nuance affective ou soulignent des liens logiques, les particules sont un guide précieux pour l'interprète.

L'absence de liaison – ou asyndète (*a-sun-detos*, mot grec qui signifie « non lié ») – existe en grec, mais elle ne se justifie que par des intentions stylistiques précises – effets de rupture, d'opposition, rythme haletant du récit ou énumération échevelée comme on en rencontre chez Aristophane. Certains auteurs ont su en tirer des effets très forts. Ainsi Xénophon, évoquant l'héroïsme du Spartiate Agésilas et de ses troupes face aux Thébains, à Coronée :

« Et, opposant bouclier contre bouclier, ils se heurtaient, combattaient, tuaient, mouraient » (*Helléniques*, IV, 19).

Les verbes à l'imparfait, détachés les uns des autres, rendent bien l'impression d'une mêlée où tous rivalisent de courage jusqu'à en mourir.

Dans le plaidoyer *Contre Midias* (§ 72), Démosthène unit avec talent l'absence de liaison à la répétition :

« Quand un homme en frappe un autre, il commet bien des actes dont certains ne sauraient être rapportés à autrui par la victime : l'attitude, le regard, la voix, quand on frappe pour outrager, quand on frappe en ennemi, quand on frappe avec le poing, quand on frappe à la joue... »

En assenant ces mots lancés sans aucune liaison devant le tribunal, l'orateur mime les gestes de l'adversaire et impose, en quelque sorte, à l'esprit des juges une succession ininterrompue de coups.

Le pays de cocagne qu'est l'univers d'Aristophane accueille, lui, les énumérations les plus fantaisistes. Ainsi le marchand thébain qui, dans les *Acharniens*, propose des victuailles à Dicéopolis, fait l'éloge de sa marchandise : « Tout ce qu'il y a de bon en Béotie, absolument : origan, pouliot, nattes, mèches, canards, choucas, francolins, poules d'eau, roitelets, plongeons... » Aucune particule de liaison ne ralentit le rythme de cette folle énumération qui se poursuit encore sur deux vers.

Mais dans tous les autres cas, des particules relient les unes aux autres les idées et les phrases. Le large choix de particules que la langue offrait aux auteurs – particules simplement intensives (*ge, dè, dèpou, mèn...*), additives (*kai, de...*), disjonctives (*è... è*), adversatives (*alla, kaitoi, mentoi...*), causales (*gar*) ou consécutives (*oun*), etc. – permet d'exprimer une multiplicité de nuances infléchissant le mouvement de la pensée. Nous allons tenter d'en donner quelque idée en analysant un nombre limité d'exemples significatifs.

Le chant I de l'*Iliade* présente l'armée achéenne décimée par les flèches d'Apollon. Le dieu venge ainsi son prêtre, Chrysès, outragé par la violence d'Agamemnon qui a refusé de lui rendre sa fille contre rançon. Devant la gravité de la situation, Achille appelle les hommes à l'assemblée et demande l'avis de Calchas, le devin. Ce dernier lui répond en ces termes (nous avons fait figurer entre

parenthèses les nombreuses particules, en italiques,
ainsi que leur rôle ou traduction approximative) :

« Achille, cher à Zeus, tu veux qu'ici j'explique
le courroux d'Apollon, le seigneur Archer : eh
bien ! (*toi gar* : Calchas affirme avec force sa décision, qui ne va pas sans risques) je parlerai. Mais
toi (*de*, « de ton côté ») comprends-moi bien et
jure-moi (*è men* : introduit la formule du serment
demandé à Achille) d'abord de m'être un franc
appui, en paroles et en actes. Je vais (*è gar*, « en
effet »), j'imagine, irriter quelqu'un dont la puissance est grande parmi les Argiens, à qui obéissent
tous les Achéens. Un roi (*gar*, « en effet ») a toujours l'avantage quand il s'en prend à un vilain. Il
peut bien (*per gar te*, « en effet » ; sur *per* et *te*, voir
plus bas) pour un jour (restriction indiquée par *ge
kai*, « du moins ») digérer sa colère : mais (*alla*) il
n'en garde pas moins pour plus tard sa rancune au
fond de sa poitrine, jusqu'à l'heure propice à la
satisfaire. Vois donc (*de*, « de ton côté ») si tu es
prêt à garantir ma vie. »

On le voit, les nombreuses particules, ces sou-
tiens du discours, qui jalonnent les paroles de
Calchas aident à traduire les inflexions de sa pensée : le mélange de crainte et de courage qui anime
le devin au moment de faire des révélations désa-
gréables au roi Agamemnon. Plusieurs d'entre elles
ne sont pas explicitement traduites. C'est en particulier le cas de *gar*, dont l'équivalent français serait
« en effet », omis pour ne pas alourdir inutilement
le texte. Nous constatons ici encore que le français

juxtapose les phrases sans se croire obligé d'expliciter tous les liens logiques.

Revenons à nos particules et tentons d'en rendre compte plus en détail. *Toi*, particule intensive, donne plus de force à l'affirmation du devin qui s'engage à révéler les raisons de la colère du dieu, et *gar*, intraduisible ici, annonce l'explication qui va suivre. Le cheminement de la pensée de Calchas peut alors se résumer ainsi : « Puisque, oui, je parlerai, toi, de ton côté *(de)* protège-moi » ; *è mèn* introduit en général la formule du serment et insiste donc sur la force de l'engagement réclamé à Achille ; la particule *gar*, qui intervient ensuite à deux reprises, justifie l'appel à Achille par une analyse de la situation : la crainte d'un roi puissant qui peut garder rancune, même s'il feint de n'en rien faire (*per* indique la nuance concessive du membre de phrase) pour un jour, du moins (*ge est*, comme souvent, restrictif), mais (*alla* marque l'opposition) garde sa colère. Et la présence de *te*, qui dans la langue épique a une valeur généralisante et que l'on rencontre ici deux fois, souligne la portée générale de l'analyse.

Le jeu des particules, on le voit, est infiniment nuancé. Il faut ajouter qu'elles s'additionnent ou se combinent très librement. Ainsi, à côté de *oun*, qui signifie proprement « cela étant » et correspond en gros à notre « donc », il y a de nombreuses combinaisons possibles : *all'oun,* combinaison de *alla* et de *oun*, prépare une rectification ; *d'oun* (*de + oun*) admet ce qui vient d'être dit mais marque un retour à l'essentiel du propos, comme notre « quoi qu'il en soit » ; tandis que le petit mot *goun* (*ge* + *oun*) introduit une remarque à l'appui de ce qui vient d'être dit – et les hellénistes proposent ironiquement comme équivalent en français la formule : « ce qu'il y a de sûr, du moins, c'est que... » Cet équivalent en rend parfaitement la nuance, comme on le voit dans ces vers du dialogue entre Antigone et sa sœur Ismène, effrayée à l'idée qu'on puisse envisager de braver l'ordre de Créon en ensevelissant leur frère :

Ismène : « Quoi ! tu songes à l'ensevelir en dépit de la défense faite à toute la cité ?

Antigone : – En tout cas (*goun*), c'est mon frère, et le tien, que tu le veuilles ou non. Nul ne dira de moi que je l'ai trahi[1] » (*Antigone*, v. 44-45).

Nous rendons ici *goun* par « en tout cas », plus léger que « ce qu'il y a de sûr, du moins, c'est que », mais tout de même beaucoup plus insistant que le grec. Or c'est bien la rapidité, la légèreté de ces petits mots dont on a à peine le temps de prendre conscience, qui permet de les multiplier au fil de l'exposé ou du dialogue, tels des jalons qui aident à suivre les méandres et les nuances de la pensée. Il y a *men* qui se borne à annoncer, mais

---

1. Ici encore le grec use d'une disjonction qui met en relief le mot « frère » en le séparant des adjectifs possessifs et en le rejetant au début du vers suivant : « En tout cas, pour moi, comme pour toi, que tu le veuilles ou non, c'est *un frère*. » Paul Mazon renonce à traduire *goun* dans ce dialogue, pour ne pas alourdir cet affrontement tendu entre les deux sœurs.

du même coup met le lecteur (ou l'auditeur) en attente ; il y a *gar* pour donner soit une raison, soit une explication ; ou son doublet renforcé, *kai gar* ; il y a encore *dè, dèta, dèpou*, qui prennent souvent une valeur ironique ; et encore *kai dè* et *kai dè kai*, appréciés des orateurs ; et ce petit mot, *au*, qui indique que l'on reste dans le même développement mais que l'on en envisage un nouvel aspect.

La répétition d'une même liaison est fréquente. Les auteurs ne font parfois appel qu'à une ou deux particules, souvent des particules additives – *de* ou *kai* –, affectant ainsi un négligé plus naturel. On a pu alors parler de « style *kai* ». C'est souvent le cas chez l'orateur Lysias, qui excelle à faire s'exprimer certains de ses clients avec une simplicité bon enfant, destinée à inspirer confiance au tribunal. Ainsi dans son plaidoyer *Sur le meurtre d'Ératosthène*. L'époux, qui a tué l'amant de sa femme, raconte aux juges sa triste histoire :

« [...] Du jour (*de*) où nous eûmes un enfant, je n'eus plus de défiance **et (*kai*)** lui confiai toutes mes affaires. Dans les premiers temps (*men oun*), c'était le modèle des femmes : (*kai gar*) ménagère adroite **et (*kai*)** économe, (*kai*) maîtresse de maison accomplie. Mais (*de*) quand ma mère mourut... »

On remarque l'absence de variété et la banalité des particules de liaison – dont la plupart d'ailleurs ne demandent pas à être traduites[1] –

---

1. Les particules traduites sont indiquées en gras ainsi que leur traduction.

dans cette narration du plaidoyer : *men* et *de* se répondent, et *kai* revient régulièrement.

De ce style volontairement dépouillé et presque plat, Démosthène tire un effet pathétique lors de son évocation du sursaut athénien qui suit l'annonce de la prise d'Élatée :

« C'était le soir ; on vint (*de*) annoncer aux prytanes l'occupation d'Élatée. Après cela (*kai*), les uns aussitôt, se levant au milieu de leur dîner, chassaient (*de*) les gens des boutiques de l'agora **et (kai)** mettaient le feu aux baraques pendant que les autres convoquaient les stratèges **et (kai)** appelaient le trompette ; **et (kai)** toute la ville était remplie d'affolement. Le lendemain (*de*), dès le jour, les prytanes convoquaient le Conseil à la salle des séances **et (de)** vous vous rendiez à l'Assemblée ; **et (kai)** avant que le Conseil eût délibéré **et (kai)** préparé son rapport, tout le peuple était assis sur la hauteur. **Puis (kai)**, quand le Conseil fut arrivé, que (*kai*) les prytanes eurent fait connaître les nouvelles qu'on leur avait apportées **et (kai)** eurent présenté leur informateur, quand (*kai*) celui-ci eut parlé, le héraut demanda : "Qui veut prendre la parole ?" On ne voyait (*de*) s'avancer personne, alors que tous les stratèges (*men*) étaient là et tous les orateurs (*de*), que la patrie (*de*) appelait l'homme qui parlerait pour son salut. [...] Il parut donc (*toinun*), cet homme, ce jour-là : c'était moi. »

L'uniformité des enchaînements par *kai* et *de*, le retour des imparfaits descriptifs alternant avec des aoristes pour simplement décrire les actes de la procédure de réunion du Conseil de l'assemblée, l'évocation de l'assemblée nombreuse et muette, tout concourt à faire éclater comme un coup de tonnerre, sur ce tableau dont la sobriété accroît le pathétique, l'apparition du « sauveur », Démosthène, apparition soutenue par un *toinun* qui est proche de notre « eh bien », « et alors », et qui accompagne le coup de théâtre.

Reconnaissons que la transposition est difficile dans une langue comme le français qui, le plus souvent, se contente de juxtaposer les propositions. Ainsi, on rencontre souvent chez Platon des passages de dialogue avec des particules qui scandent la moindre réplique, et il arrive que les approbations que donnent à Socrate ses interlocuteurs nous semblent monotones et un tant soit peu artificielles. Ce peut être *panu ge* – un adverbe signifiant « tout à fait », renforcé par la particule *ge* –, et les traducteurs s'ingénient à varier en français les formes de l'acquiescement, passant de « absolument » à « certainement » ou à « parfaitement », comme le fait Alfred Croiset au début de sa traduction du *Gorgias* pour éviter la monotonie. Il choisit « évidemment » pour rendre le grec *pôs gar ou* qui signifie proprement « comment, en effet, ne serait-ce pas ? », et il rend sobrement *dèlon dèpou* par un « c'est évident », sans qu'on puisse savoir, à le lire, si la particule *dèpou* se borne à souligner l'évidence ou si elle marque l'accord poli mais ironique de l'interlocuteur devant un fait tellement évident

qu'il s'excuse de répéter un truisme. C'est en effet
la variation des particules qui permet de savoir si
l'assentiment accordé est enthousiaste ou réservé,
voire excédé. L'apparente monotonie de nos traductions, parfois leur lourdeur, ne doit pas nous
faire oublier que ces particules, si légères, donnent
au dialogue sa vivacité et soulignent les nuances les
plus fines et les plus subtiles de la pensée.

7

Images, comparaisons et métaphores

Aristote, dans la *Poétique*, précise que l'essentiel pour un poète est d'« exceller dans les métaphores », car « c'est l'indice de dons naturels » (*Poétique*, 1459 a), et nous avons eu à plusieurs reprises dans les pages qui précèdent l'occasion d'admirer la force des images eschyléennes. Et sans doute, en matière d'imagination, aucun poète jamais n'a surpassé Eschyle ! Nous aurions donc pu, pour convaincre notre lecteur de la richesse des œuvres grecques dans le domaine de l'imagination, parcourir la littérature grecque et sélectionner quelques images ou comparaisons frappantes chez Homère, Sappho, Pindare, Eschyle, Euripide, Platon ou Démosthène. À des échantillons nous avons préféré un fil conducteur. Nous voudrions montrer ici, en partant dans un premier temps de l'analyse d'images employées chez Homère et qui souvent ont eu une riche postérité non seulement à Rome, mais dans les littératures européennes, comment ces images sont reprises ensuite par d'autres poètes grecs qui les chargent chacun d'un sens qui lui est personnel. Ainsi se manifestera, dans la création littéraire grecque, le jeu perpétuel des renouvellements au sein d'une tradition sans cesse réaffirmée.

Nous choisirons pour commencer deux exemples : l'image de la succession des générations humaines comparée aux feuilles des arbres, et celle de la tempête en mer, image très fréquente dans nos textes, ainsi qu'il est naturel pour un peuple tourné vers la mer comme le sont les Grecs.

Au chant VI de l'*Iliade*, Diomède, le fils de Tydée, et le Troyen Glaucos, fils d'Hippoloque, se rencontrent sur le champ de bataille, l'un et l'autre pleins d'ardeur au combat. Et Diomède d'interroger son adversaire :

« Qui donc es-tu, noble héros parmi les mortels ? Jamais encore je ne t'ai vu dans la bataille où l'homme acquiert la gloire... »

Et le glorieux fils d'Hippoloque répond : « Magnanime fils de Tydée, pourquoi me demander quelle est ma naissance ? Comme naissent les feuilles, ainsi font les hommes. Les feuilles, tour à tour, c'est le vent qui les épand sur le sol et la forêt verdoyante qui les fait naître quand se lèvent les jours du printemps. Ainsi des hommes : une génération naît à l'instant même où une autre s'efface. Si pourtant tu en veux savoir davantage, écoute... »

Et les deux adversaires, découvrant entre leurs

lignées des liens d'hospitalité, renoncent à s'affronter et échangent des présents.

La comparaison entre la succession des générations humaines et les feuilles des arbres qui naissent pour tomber ensuite au gré du vent souligne la fragilité et la fugacité des vies humaines, sentiment qui est à la base même de l'héroïsme dans l'*Iliade*, comme le rappelle Sarpédon au chant XII : « ... puisqu'en fait et quoi qu'on fasse, les déesses du trépas sont là, embusquées, innombrables, et qu'aucun mortel ne peut ni les fuir, ni leur échapper, allons voir si nous donnerons la gloire à un autre, ou bien si c'est un autre qui nous la donnera à nous. » Ainsi, quand il constate la faiblesse de l'homme, qui a le trépas pour seule certitude, Homère en tire une leçon de sérénité lucide et de courage.

Tel n'est plus le cas chez des poètes de l'âge archaïque (VIIᵉ et VIᵉ siècles) comme Sémonide d'Amorgos et Mimnerme de Colophon lorsque, les premiers, ils reprennent cette comparaison qui a ensuite traversé les âges. Les deux poètes partent d'une méditation sur les vers du chant VI que nous venons de citer, pour aboutir à des professions de foi hédonistes[1]. Lisons ces deux poèmes :

« Il est une parole, la plus belle qu'ait dite l'homme de Chio :

---

1. Ces textes ont été étudiés par D. Babut dont nous reprenons ici certaines analyses.

"Comme naissent les feuilles, ainsi font les hommes."

Rares sont les mortels qui, ayant entendu ces mots de leurs oreilles, les enregistrent dans leur cœur. Car l'espoir est présent en chacun, chevillé au cœur des jeunes gens. Tant qu'un mortel possède la fleur bénie de la jeunesse, son esprit léger conçoit toutes sortes de projets jamais réalisés. Car il ne s'attend ni à vieillir, ni à mourir, et tant qu'il a la santé, il n'a point souci de la maladie. Naïfs qu'ils sont d'avoir l'esprit ainsi tourné, et d'ignorer combien bref est le temps de la jeunesse et de la vie pour les mortels ! Mais toi, comprends ces choses, et, songeant au terme de la vie, résous-toi à accorder du bon temps à ton âme » (Sémonide d'Amorgos).

« Quant à nous, telles les feuilles que fait pousser la saison du printemps paré de fleurs, aussitôt que commence la croissance, sous les rayons du soleil, semblables à ces feuilles, nous jouissons l'espace d'un instant de la fleur de la jeunesse, sans que les dieux nous fassent rien connaître des biens et des maux qui nous attendent. Mais auprès de nous se tiennent les Kères, vêtues de noir, l'une détenant le terme de la vieillesse, l'autre le terme de la mort, et nous n'avons qu'un instant pour cueillir le fruit de la jeunesse, pas plus qu'il n'en faut à la lumière du soleil pour se répandre sur la Terre. Mais dès qu'est passé le terme de la jeunesse, alors la mort sans délai vaut mieux que la vie. Car nombreux sont les maux qui atteignent notre cœur. Tantôt c'est la ruine qui consume notre maison et les œuvres amères de la pauvreté qui s'y installent ; à tel autre sont refusés des enfants, et il descend dans le domaine souterrain d'Hadès, frustré de son plus cher désir. Un autre encore rencontre la maladie qui brise le cœur. Bref, il n'en est point parmi les hommes auquel Zeus n'octroie des maux en abondance » (Mimnerme de Colophon).

Ces deux poèmes, mis l'un et l'autre sous le signe de l'image homérique, se ressemblent extraordinairement. Ils sont remplis de souvenirs d'Homère et d'Hésiode, et placent le caractère « éphémère » de la nature humaine au cœur de leur méditation. Mais alors que Sémonide ironise sur l'inconscience des hommes avant de les exhorter à « accorder du bon temps à leur âme », Mimnerme construit son poème sur le contraste entre l'éclat des bonheurs de la jeunesse – ce qui trahit son amour de la vie – et les misères de la vieillesse ; et c'est à partir de cette opposition qu'il tente de définir une éthique hédoniste.

Ainsi, après le charme de la comparaison d'Homère préludant à l'engagement héroïque, on découvre ici une nouvelle tonalité de l'hellénisme, qui en restera une composante essentielle : le goût des plaisirs. On découvre en même temps comment, à travers des reprises et des souvenirs littéraires qui traduisent une continuité saisissante, se marque à chaque instant, par un mot ou un tour d'expression, un constant renouvellement où se reflètent les différences profondes entre les époques et les individus. C'est ainsi que Pindare reprend l'image pour évoquer dans sa *XIIe Olympique* la victoire d'Ergotélès d'Himère, victoire qui aurait pu ne pas exister, c'est-à-dire « tomber sur terre, comme des feuilles, sans gloire » (*katephulloroèse*). Ce sont chaque fois comme des révélations qui nous instruisent sur l'homme grec et sur son temps, mais aussi sur nous-mêmes. Et l'analyse de certaines images maritimes chez Homère et chez les Tragiques va de même nous conduire de surprise en surprise.

Les évocations d'orages et de tempêtes ne sont pas rares chez Homère qui, dans ses comparaisons, aime à mettre en rapport la violence des combats et celle des éléments déchaînés. Ainsi, au chant IV, Agamemnon et Diomède se lancent dans la bataille en entraînant avec eux les Danaens que le poète compare aux flots furieux de la mer :

« Ainsi, sur la rive sonore, la houle de mer, en vagues pressées, bondit au branle du Zéphyr ; elle se soulève, au large d'abord, puis s'en vient briser sur la terre, dans un immense fracas, dressant sa crête en volute autour de chaque promontoire et crachant l'écume marine. Tels, les bataillons danaens en vagues pressées, sans trêve, s'ébranlent vers le combat... »

Cette description ample et précise de la mer en furie, qui a la saveur concrète d'un spectacle souvent contemplé, avec le vent, le fracas, les promontoires battus par les vagues et jusqu'à l'écume, vient renforcer l'impression de force irrésistible que donne l'avancée des guerriers grecs. L'image de la mer, ici, amplifie l'action humaine.

Il en est de même au chant XV qui retrace les exploits d'Hector. À deux reprises, dans le même passage, le poète recourt à cette image. Elle intervient pour magnifier la violence de l'élan d'Hector qui s'abat sur les Grecs « comme sur la fine nef s'abat la vague furieuse que font monter les vents sous un ciel de nuages. La nef entière disparaît sous l'écume ; le souffle affreux du vent gronde dans la voilure et les marins, au fond d'eux-mêmes, frémissent, épouvantés : c'est de bien peu qu'ils esquivent la mort ! Ainsi, dans leur poitrine, est déchiré le cœur des Achéens[1]. » Mais l'image marine intervient aussi pour mettre en relief la résistance des Achéens : « Tous tiennent bon, groupés comme un rempart, comme un roc escarpé, puissant, au bord de la blanche mer où il subit le vif assaut des vents sonores et des lames énormes qui déferlent sur lui. Tout de même, les Danaens tenaient bon... »

Comme dans les cas précédents, la houle évoque l'attaque menaçante de l'ennemi. Mais ici, ce n'est plus le caractère irrésistible de l'élan guerrier qui est souligné ; l'image change et fait place à celle d'un cap battu par la tempête et qui pourtant résiste à l'assaut des vagues ; elle met donc en lumière la résistance des Danaens face à l'attaque troyenne. C'est bien toujours l'action humaine et la force des guerriers qui sont mises en relief mais,

1. « Danaens » et « Achéens » sont dans l'épopée deux manières de désigner les Grecs.

ici, celle de ceux qui résistent et non celle de ceux qui attaquent.

Passons à Sophocle dont le théâtre présente trois images de tempête en mer, toutes les trois dans les parties lyriques que chante le chœur. La rage des éléments déchaînés ne souligne plus ici la vaillance des hommes mais l'immensité des malheurs à laquelle l'homme est exposé. À vrai dire, il faut reconnaître que l'image d'une « mer de maux » apparaît déjà chez Eschyle. On la rencontre notamment dans les *Sept contre Thèbes*, associée à l'image du vaisseau de l'État, dans le chant du chœur qui fait suite à la décision d'Étéocle d'affronter son frère Polynice : « Et maintenant, une mer de maux vers nous pousse ses lames. Si l'une s'écroule, elle en soulève une autre, trois fois plus puissante, qui gronde et bouillonne autour de l'étrave de notre cité. »

On la trouve aussi dans les *Suppliantes* et dans les *Perses*, mais chaque fois sous une forme beaucoup plus brève, sans que la comparaison soit développée.

Chez Sophocle, au contraire, les images de tempête sont aussi amples que chez Homère. Dans l'*Antigone,* après l'arrestation d'Antigone et d'Ismène, le chœur s'exclame : « Heureux ceux qui dans leur vie n'ont pas goûté du malheur... » et aussitôt l'image des flots marins intervient pour évoquer les maux qui ne cessent d'assaillir la famille d'Œdipe : « On croirait voir la houle du grand large, quand, poussée par les vents de

Thrace et par leurs brutales bourrasques, elle court au-dessus de l'abîme marin, et va roulant le sable noir qu'elle arrache à ses profondeurs, cependant que, sous les rafales, les caps heurtés de front gémissent bruyamment. Ils remontent loin, les maux que je vois sous le toit des Labdacides, toujours, après les morts, s'abattre sur les vivants, sans qu'aucune génération jamais libère la suivante : pour les abattre, un dieu est là qui ne leur laisse aucun répit... »

L'évocation de la tempête rappelle celle du chant IV de l'*Iliade*, avec la mention des promontoires et du grondement gémissant des flots. Mais ceux qui gémissent ici sont les caps battus par la mer et les vagues sont celles des maux qui frappent l'homme. Ce n'est plus la force héroïque de l'homme au combat qui est exaltée, ni sa résistance ferme comme celle d'un cap ; l'image traduit l'assaut incessant des vagues du malheur sur le destin des hommes. La différence est saisissante. Et cette différence est celle qui sépare l'inspiration de la tragédie de l'inspiration de l'épopée !

La même image se retrouve, avec le même sens, dans *Œdipe à Colone*, à propos d'Œdipe lui-même : « Voyez ce malheureux. Dirait-on pas un cap tourné au Nord, de tous côtés battu des flots et assailli par la tempête ? Lui aussi, des infortunes effroyables, comme vagues sur des brisants, l'assaillent pour le détruire et vont le pressant sans répit. Les voilà qui viennent du Couchant et du

Levant, et du Midi rayonnant et des monts Rhipées noyés dans la nuit ! »

Enfin, la troisième image de tempête dans l'œuvre de Sophocle se trouve dans les *Trachiniennes*, à propos des épreuves que subit Héraclès : « Comme on voit sur la vaste mer, sous l'infatigable poussée des vents du Midi ou du Nord, les lames par milliers tour à tour s'éloigner puis repartir à la charge, ainsi notre Thébain est tantôt culbuté et tantôt exalté par les flots d'une vie aux labeurs sans fin, pareille à la mer, à la mer de Crète. »

Dans ces derniers exemples, l'image ne met plus l'accent sur la force insurmontable de la pression des flots mais sur l'assaut répété des vagues qui perpétuellement déferlent puis se retirent pour monter à nouveau ; et ce renouvellement de l'image par rapport à Homère correspond parfaitement à la vision que l'on peut avoir de la vie de héros comme Œdipe ou Héraclès, que leur destin a tantôt renversés, tantôt exaltés. Elle correspond aussi à la philosophie du théâtre sophocléen qui met l'accent sur la nécessité pour l'homme de luttes continuelles, comme le fait ce chœur des *Trachiniennes* dans les vers qui suivent :

« Joies et peines pour tous, toujours, vont alternant : on croirait voir la ronde des étoiles de l'Ourse. Pour les hommes, rien qui dure, ni la nuit étoilée, ni les malheurs, ni la richesse ; tout cela, un jour, brusquement, a fui, et c'est déjà au tour d'un autre de jouir avant de tout perdre. »

Le thème des vicissitudes qui caractérisent la condition humaine est fondamental dans l'œuvre de Sophocle, et l'utilisation qu'il fait des images de la tempête le confirme avec éclat.

Avec Euripide, l'image de la tempête se fait plus rare, bien que l'œuvre conservée du dernier des trois Tragiques soit plus conséquente que celle de ses devanciers. Nous nous contenterons donc d'examiner une seule image, où l'évocation de la tempête est associée à celle de l'incendie. Il ne s'agit plus ici d'assaut guerrier, mais d'une assemblée du peuple en train de siéger à Argos. Là encore, il existe des précédents chez Homère. Au chant II de l'*Iliade*, l'assemblée des guerriers convoquée par Agamemnon est agitée de sentiments violents et désordonnés quand Agamemnon propose de renoncer à poursuivre le siège de Troie. De grands cris s'élèvent alors, clamant chez la plupart le désir du retour :

« Et l'assemblée est toute secouée, comme une mer aux hautes lames, comme la mer icarienne quand Euros et Notos, pour la mettre en branle, sortent en bondissant des nuées de Zeus Père ; ou de même encore que le Zéphyr s'en vient secouer la haute moisson et sous son vol puissant fait ployer les épis, de même est secouée toute l'assemblée » (v. 144-149).

Ici, l'image cherche à rendre le bruit de la passion violente et instable d'une assemblée convoquée pour délibérer sur son retour après dix ans de siège – émotion qui, dans ce cas, on nous l'accordera, est bien compréhensible !

Les choses sont bien différentes dans l'*Oreste* d'Euripide, bien que lui aussi recoure à cette comparaison pour évoquer la violence des réactions du peuple à l'assemblée. Ménélas explique à Oreste pourquoi il ne peut pas contrecarrer la volonté du peuple et doit user de la seule persuasion :

« C'est que le peuple au plus ardent de sa colère est pareil à un feu trop vif pour être éteint. Mais si, tout doucement, l'on donne du mou pour céder à sa véhémence, en épiant le bon moment, peut-être s'apaisera-t-il, et son souffle apaisé, tu pourras sans peine obtenir de lui ce que tu veux. Il est capable de pitié ; il est capable de fureur ; et pour qui guette l'occasion, il n'est pas de bien plus précieux. [...] Le navire fait eau quand sa voile est violemment tendue, mais il se redresse si on largue l'écoute. »

Pour traduire cette violence du peuple, Ménélas évoque d'abord l'incendie ; mais la suite de ses paroles retourne aux métaphores de la mer avec « donner du mou » qui suggère une manœuvre navale, et « guetter le bon moment » qui fait penser au voilier manœuvrant dans le vent, et non à l'extinction d'un incendie. Ce que confirment les deux derniers vers que nous avons cités. Mais enfin, ce texte est plein d'ambiguïté et contraste avec les évocations d'Homère et de Sophocle. De fait, il s'en sépare par un trait essentiel : l'absence

totale de description. C'en est fini des grondements
de la mer, des promontoires battus par les vents
et des lames serrées. Il n'y a plus de tempête,
mais simplement l'idée abstraite d'une violence
que l'on peine à maîtriser. L'image, en fait, n'est
plus là pour rendre une impression, mais pour
dégager une leçon, et une leçon de politique !
La majeure partie du texte indique en effet la
bonne façon de s'y prendre : laisser aller, guetter
le moment propice, attendre que la violence
s'apaise d'elle-même. Suivent des réflexions géné-
rales, l'une sur les réactions purement affectives
du peuple, l'autre sur l'art de barrer un voilier.
Ce qui fait, au total, bien peu de description et
beaucoup de réflexions ; rien d'étonnant à cela
de la part d'Euripide, l'élève des sophistes. Ces
réflexions dessinent en Ménélas le type même du
démagogue qui suscite en cette fin du Vᵉ siècle
– l'*Oreste* est joué en 408 – les critiques de
Thucydide et d'Aristophane, et que fustigera plus
tard Platon. En fait, Euripide est parti de l'image
homérique, mais il n'en a gardé que l'aspect intellectuel pour privilégier une leçon entièrement liée
à l'actualité politique.

D'un poète à l'autre, les innovations, nous
l'avons vu, sont frappantes. Elles s'inscrivent au
sein d'une tradition qui s'affirme comme telle, sous
la forme de légers changements, de petites modifi-
cations ; une même image illustre d'autres émotions ou sert des intentions différentes.

Pour clore ce chapitre qui ambitionne de donner quelque idée de l'intense création d'images, comparaisons et métaphores, qui contribuent à la beauté de la littérature de la Grèce, nous adopterons la démarche inverse en examinant le traitement d'un même thème – la peinture du « mal d'amour » – de Sappho à Platon.

Les Anciens appelaient Sappho « la dixième muse » et l'œuvre de la poétesse de Lesbos comptait neuf livres dans l'édition canonique qu'en établirent les Alexandrins. Seul un poème entier et quelques fragments nous sont parvenus, mais ils suffisent pour se faire une idée de la subtilité de cette poésie qui chante l'amour et la beauté. C'est à Sappho que nous devons la première évocation de la passion dans la littérature occidentale, dans un fragment qui doit sa survie à la citation qui en est faite dans le *Traité du sublime*. Cette description était célèbre dans l'Antiquité, et, d'Euripide à Racine, en passant par Catulle, elle fit école. En voici le texte.

> « Il me paraît être l'égal des dieux, l'homme qui, assis en face de toi, de tout près, écoute ta voix si douce,
> Et ce rire enchanteur qui, je le jure, affola mon cœur dans ma poitrine ; car, dès que je t'aperçois un instant, il ne m'est plus possible d'articuler une parole ;
> Mais ma langue se brise, soudain un feu subtil se glisse et court sous ma peau, mes yeux sont sans regard, mes oreilles bourdonnent,

La sueur ruisselle de mon corps, un frisson me saisit toute, je deviens plus verte que l'herbe, je crois presque que je suis morte... »

Nous avons là la première peinture de la « maladie d'amour » de la littérature occidentale, faite à la première personne avec un réalisme d'une puissance saisissante. L'ébranlement que suscitent la vue de l'aimé, l'audition de sa voix, figent l'amante qui décrit alors les désordres physiques de sa passion : aphasie, paralysie, le feu court sous sa peau, elle est aveugle et sourde, sueur et frisson s'emparent d'elle – elle brûle et elle a froid –, son teint change et tourne au vert (le mot grec évoque le joli vert tendre du blé en herbe...), elle croit mourir. La force du poème tient au fait que l'intensité de l'émotion est traduite par des sensations, des symptômes physiques, sans aucune intériorisation, aucune analyse psychologique. Et les traducteurs ont du mal à respecter cet aspect du texte qui lui donne pourtant sa beauté. Ainsi Boileau qui traduit :

Heureux qui près de toi, pour toi seule soupire,
Qui jouit du plaisir de t'entendre parler,
Qui te voit quelquefois doucement lui sourire.
Les dieux dans son bonheur peuvent-ils l'égaler ?

Je sens de veine en veine une subtile flamme
Courir par tout mon corps, sitôt que je te vois ;
Et dans les doux transports où s'égare mon âme,
Je ne saurais trouver de langue ni de voix.

Un nuage confus se répand sur ma vue.
Je n'entends plus ; je tombe en de douces
[langueurs ;
Et pâle, sans haleine, interdite, éperdue,
Un frisson me saisit, je tremble, je me meurs...

Ces « doux transports où s'égare mon âme » et
ces « douces langueurs » sont bien étrangers au ton
du poème de Sappho. En fait, la manière d'évoquer les sentiments par des symptômes physiques
est héritée d'Homère dont la poétesse reste ici très
proche. On rencontre dans l'*Iliade* les mêmes
symptômes – vue qui se brouille, sueur et tremble-
ments, couleur du teint qui vire au vert (car si les
Français ont « une peur bleue », les Grecs, eux,
étaient « verts de peur ») – pour évoquer la peur
panique des guerriers, émotion forte que l'*Iliade* a
plusieurs fois l'occasion d'évoquer (au chant III à
propos de Paris Alexandre, au chant XI à propos
d'Ajax et au chant XVI encore). Sappho a donc
hérité d'Homère le principe qui consiste à
dépeindre l'émotion par des symptômes physiques,
mais elle l'a appliqué à l'amour !

Nous changeons d'univers quand nous abordons l'*Hippolyte* d'Euripide qui peint la doulou-
reuse lutte de Phèdre contre sa passion. Car la
« blessure d'amour » de Phèdre correspond à
la volonté d'Aphrodite, véritable cause de cet
amour aussi inexplicable qu'irrésistible. Cette
lutte est montrée de façon directe dès que

Phèdre apparaît sur scène. Nous connaissons la
scène par l'imitation qu'en a faite Racine (acte I,
scène 3), imitation très fidèle, comme nous allons
le voir.

PHÈDRE

« Soulevez-moi, soutenez ma tête,
Je sens brisée l'attache de mes membres.
Ah ! soutenez, servantes, mes beaux bras !
Ce bandeau est trop lourd,
Détache-le, laisse tomber sur mes épaules mes
[cheveux.

LA NOURRICE

Courage, ma fille, sois moins impatiente, ne t'agite
[pas. [...]

PHÈDRE

Comment, ah comment me trouver
Près d'une source jaillissante, boire de son eau
[pure,
et sous les peupliers, dans l'épaisseur de l'herbe,
me coucher et dormir ?

LA NOURRICE

Que dis-tu là, ma fille ? Cesse donc, en public, de
[prononcer
des mots qui tiennent du délire.

PHÈDRE (*se dressant*)

Ah ! suivez-moi dans la montagne ! J'irai dans la
[forêt
Sous des pins, où la meute se déchaîne et poursuit
[les biches tachetées.
Dieux ! Quelle joie d'exciter les chiens, et, frôlant
[mes cheveux blonds,
De lancer la javeline thessalienne, la pique acérée
[bien en main !

LA NOURRICE

Où vas-tu ma fille, chercher ces fantômes ?
Qu'as-tu, toi aussi, à rêver de chasse ? Pourquoi
[désirer l'eau des sources ? [...]

PHÈDRE

Dame Artémis, reine de Limné la Maritime et des
[gymnases
Où piaffent les chevaux, que je voudrais, dans tes
[arènes,
Dompter des cavales vénètes !

LA NOURRICE

Te voilà de nouveau à parler hors de sens. [...]
Il faudrait des devins pour savoir quel dieu te
[déroute et t'affaiblit l'esprit, ma fille.

PHÈDRE (*retombant sur son lit*)

Ah ! malheureuse, qu'ai-je fait ?
Jusqu'où ma raison s'est-elle égarée ?

J'ai déliré, un dieu m'a frappée de vertige,
                              [infortunée...
Vieille mère, remets le voile sur ma tête.
J'ai honte de ce que j'ai dit. Cache-moi. Mes larmes
                              [coulent malgré moi.
Mes yeux ne voient plus rien que honte.
C'est pour souffrir que je reviens à la raison.
Le délire est un mal. Combien cependant je
     [voudrais mourir sans reprendre conscience ! »

Phèdre désire se taire, mais elle laisse échapper des souhaits révélateurs, s'en rend compte et replonge dans le silence. Il faudra que la nourrice prononce le nom d'Hippolyte, pour qu'elle ne puisse s'empêcher de réagir et de se trahir. Et après son aveu, Phèdre raconte encore tous les efforts qu'elle a faits pour échapper à cet amour. Elle livre ses réflexions :

« Nous distinguons parfaitement où est le bien, mais sans nous efforcer à l'accomplir, les uns par paresse, les autres pour avoir élu autre chose qui est leur plaisir. »

Confrontée au caractère irrésistible de la passion, Phèdre découvre qu'elle est trop faible pour agir selon son jugement et s'en libérer. Il ne lui reste plus qu'à mourir.

La grande nouveauté dans cette scène est la découverte d'une lutte possible entre deux sentiments à l'intérieur de soi-même. Phèdre n'accepte pas sa passion, mais elle ne peut en triompher. Elle en meurt.

Ces deux magnifiques morceaux de poésie constituent la meilleure des introductions à l'une des plus belles images créées par Platon, celle de l'attelage ailé représentant l'âme humaine. L'image apparaît dans le dialogue intitulé *Phèdre*, du nom de l'interlocuteur de Socrate dans ce dialogue, Phèdre de Myrrhinonte, qui figure également dans deux autres textes de Platon, le *Protagoras* et le *Banquet*.

Le *Phèdre* traite, entre autres thèmes, de l'amour. Trois discours lui sont consacrés, discours mensongers pour les deux premiers, que vient corriger un éloge de l'amour prononcé par Socrate. Et c'est là qu'intervient l'image de l'attelage ailé.

Dans ce dernier discours, en effet, Socrate reprend à son compte la conception de l'amour comme folie et délire. Car « c'est un fait que, des biens qui nous échoient, les plus grands sont ceux qui nous viennent par le moyen d'un délire, dont assurément nous sommes dotés par un don divin ». Le délire amoureux, au même titre que la divination, le délire prophétique ou le délire poétique, est donc un privilège que nous accordent les dieux. Pour prendre la mesure de ce don, il faut commencer par se faire une idée vraie de la nature de l'âme, et pour cela recourir à une image.

Cette image est celle d'une force active associant un attelage et son cocher, soutenus par des ailes – ailes qui permettent à l'âme de s'élever vers le lieu supra-céleste où elle contemple le Bien, la Beauté, la Sagesse. Mais si l'attelage, qui figure l'âme des dieux, est en tout point excellent, l'âme de l'homme comporte du bon et du mauvais. Platon indique alors que dans cet attelage il y a deux chevaux, un bon et un mauvais, si bien que la tâche du cocher est nécessairement difficile et ingrate, car le mauvais cheval tire vers la terre l'attelage de l'âme s'il n'a pas été convenablement dressé, alors que le cocher (qui figure l'Intellect) n'a de cesse de retrouver les réalités divines qu'il a pu contempler par-delà le ciel :

« Lorsqu'il voit un visage d'un aspect divin, imitation réussie de la Beauté, ou quelque corps pareillement, il éprouve d'abord un frisson, et quelque chose l'envahit sourdement de ses effrois de jadis. Puis le voici qui tourne ses regards dans la direction du bel objet ; il le vénère à l'égal d'un dieu ; s'il ne craignait même de passer pour être complètement fou, il offrirait, comme à une sainte image et à un dieu, des sacrifices au bien-aimé ! Or, au moment où il voit, se fait en lui le changement qui amène le frisson : des sueurs, une chaleur inaccoutumée. C'est qu'une fois reçue par la voie des yeux l'émanation de la beauté, il en est échauffé... »

L'âme, nous dit Platon, est en ébullition, a des agacements. Tantôt elle tourne ses regards vers la beauté du jeune garçon, alors elle se remet de sa souffrance, elle est toute joyeuse ; mais dès qu'elle est privée de sa vue, « l'âme bondit de douleur, tandis que le souvenir qu'elle a du bel objet la rend toute joyeuse. Le mélange de ces deux sentiments fait qu'elle se tourmente de ce qu'il y a de déroutant dans son état, et aussi de ne pouvoir en sortir ; dans le délire où elle est, elle ne peut ni dormir la nuit, ni pendant le jour demeurer en place ; mais elle court, pleine de convoitise, aux lieux où, pense-t-elle, elle pourra voir celui qui possède la beauté, [...] elle est prête à l'esclavage, elle est prête à dormir où on lui donnera permission, au plus près de ce qu'elle convoite ».

Nous retrouvons ici la plupart des traits de la peinture du délire amoureux : le frisson, la crainte, la sueur et la chaleur qui succèdent au frisson, l'alliance de joie et de peine, le dédain et l'indifférence pour tout ce qui n'est pas l'objet aimé... Mais cette fidélité dans les termes de l'évocation trouve une explication nouvelle dans l'image de l'attelage ailé. Car la suite du texte revient sur la description des chevaux de l'attelage : le premier des deux « a le port droit ; il est bien découplé, il a l'encolure haute, la ligne du chanfrein légèrement courbe ; son pelage est blanc, ses yeux noirs ; il est amoureux d'une gloire qu'accompagnent modération et réserve ». Et surtout, il est docile : « Pour être conduit, il n'a pas besoin qu'on le frappe : c'est assez d'un encouragement ou d'une parole. » Ce cheval beau et obéissant symbolise la partie noble de l'âme, l'élan du cœur (*thumos*), soumis à l'Intellect qui est le cocher. L'autre, au contraire, est mal bâti : « Il a l'encolure épaisse, la nuque courte ; il est noir avec des yeux gris injectés de sang. » Et, ce qui est plus grave, c'est un « compagnon de la démesure et de la gloriole, ses oreilles, pleines de poils, sont sourdes et c'est à peine si le fouet avec l'aiguillon le fait obéir ». Il symbolise la partie basse de l'âme, les appétits et les désirs.

Cette opposition entre les deux chevaux représente l'affrontement des forces contraires dans l'âme et explique toute l'aventure de l'âme, aventure qui se déroule en plusieurs étapes. Lors de la rencontre amoureuse, le mauvais cheval est excité par le désir : « Il ne se laisse plus émouvoir ni par l'aiguillon du cocher, ni par le fouet ; d'un bond violent il s'élance » et contraint l'autre cheval et le cocher à se porter vers l'aimé. Mais cette victoire n'est pas définitive. Car lorsque le char de l'âme, ainsi entraîné par le mauvais cheval, se trouve face à l'objet aimé, l'image du bien-aimé « flamboie » et inspire au cocher le souvenir de la Beauté pure : « Il la revoit accompagnée de la Sagesse et dressée sur son socle sacré. » Et ce souvenir sacré réveillant en lui la crainte et le respect qu'inspire la Beauté, donne au cocher la force nécessaire pour reprendre l'attelage en main. Il se renverse en arrière et, en même temps, « il a été forcé de tirer par-devers lui les rênes avec une telle vigueur qu'il a fait s'abattre les chevaux sur la croupe, l'un et l'autre. » Le cheval blanc est plein de honte, d'effroi, et « mouille de sueur l'âme tout entière ». L'autre cheval, une fois la souffrance passée, revient à la charge, hennit et tire. Le cocher alors réagit avec une énergie redoublée, il se renverse et avec plus de violence encore, arrachant le mors des dents du cheval révolté, il le « livre aux douleurs », nous dit Platon. Le dressage est ici brutal mais efficace, car « quand elle a été plusieurs fois traitée de la même façon, la mauvaise bête enfin renonce à la démesure », elle obéit au cocher et, « quand elle aperçoit le bel objet, elle se meurt d'effroi ».

Le « délire d'amour » s'explique donc par ces luttes violentes, cette bataille où s'affrontent deux composantes de l'âme, nous dirions deux pulsions. Si, par malheur, le mauvais cheval est le plus fort, l'amour sera un amour vulgaire, qui ne s'adresse qu'au corps. En revanche, le délire amoureux de l'initié, dont l'amour est un délire inspiré par l'idée du Beau, par les formes intelligibles que l'âme a contemplées avant sa réincarnation, est un amour pur et sacré.

Telle est la réinterprétation philosophique du mal d'amour que nous offre Platon avec ce mythe de l'attelage ailé qui fascina les Néoplatoniciens et charma un humaniste comme Marsile Ficin.

Il faudrait encore évoquer Théocrite et ses *Magiciennes*, confidence d'une amante délaissée qui cherche par des rites magiques à reconquérir l'amour perdu, ou Catulle et Lucrèce, et Horace et Virgile, et tant d'autres... Mais la chose est impossible dans le cadre de ce petit livre. Le dernier point que nous voudrions souligner, qui est commun à tous ces textes, est le rôle de la vue à l'origine du mal d'amour : chaque fois l'amour naît du regard, l'émotion se déclenche à la vue de l'aimé. Or, il ne s'agit pas du lieu commun éculé sur lequel ironise un Molière :

> Oh ! oh ! Je n'y prenais pas garde :
> Tandis que sans songer à mal je vous regarde,
> Votre œil en tapinois me dérobe mon cœur.
> Au voleur ! Au voleur ! Au voleur ! Au voleur !

Ou qui inspira un Alphonse Allais :

> Oui, dès l'instant que je vous vis
> Beauté farouche, vous me plûtes.
> De l'amour qu'en vos yeux je pris,
> Sur-le-champ vous vous aperçûtes.
> Ah ! fallait-il que je vous visse ?
> Fallait-il que vous me plussiez ?
> Qu'ingénument je vous le disse ?
> Qu'avec orgueil vous vous tussiez ?

Non ! Rien de tel chez nos Grecs ! Ce rôle de la vision, que Platon considère comme le plus pur de nos sens, s'appuie sur une théorie de la sensation élaborée par Empédocle et sans doute certains atomistes, théorie que l'on trouve exposée dans l'*Éloge d'Hélène* de Gorgias, et dont on sait par Platon qu'elle était la plus répandue à la fin du Vᵉ siècle. Selon ces théories, l'âme est modifiée par l'intermédiaire de la vue ; elle reçoit une impression dont la forme varie selon l'objet perçu ; car chaque corps émet des effluves et il y a chez les êtres des pores qui reçoivent et laissent passer ces effluves. Il y a donc contact entre l'objet perçu et l'organe qui perçoit. L'âme reçoit ainsi une impression par l'intermédiaire de la vue, impression qui la modifie indépendamment de sa volonté. Si donc l'œil voit des ennemis, ou les armes de l'ennemi, « aussitôt la vue est en désordre et met le désordre dans l'âme, au point que souvent on s'enfuit frappé de terreur devant le danger à venir... Certains, à la vue de choses effrayantes, en perdent le sens ; c'est ainsi que la panique peut éteindre ou faire disparaître la pensée », etc.

La conception platonicienne de l'ébranlement de l'âme causé par la vue de l'aimé est donc en parfait accord avec les théories de la sensation élaborées à son époque. Il ne s'agit nullement de recourir à un lieu commun, tout ici fait sens. Et c'est encore l'une des merveilles de cette jeune littérature ! Mais – autre merveille – il n'est nullement nécessaire de connaître ces théories pour être sensible à la force des textes que nous venons d'évoquer. Quelque chose nous touche, indépendamment ou au-delà du savoir, « avec, comme dit le poète[1], une force plus grande que ce savoir et une sorte d'immédiateté ».

<hr />

1. Philippe Jaccottet, dans l'Avertissement de sa traduction de *L'Odyssée*, La Découverte, 1982.

8

Le grec ancien et la langue française

Les particularités de la langue grecque décrites dans les chapitres précédents semblent la mettre à part de la plupart des autres langues d'Europe et en particulier de notre langue française. Et pourtant, c'est un fait, la langue grecque n'a pas cessé de pénétrer notre français et d'exercer sur lui son influence, à tous les moments de son histoire. Dans ce dernier chapitre, il ne s'agira plus de syntaxe ou de particules, mais du vocabulaire, des mots eux-mêmes, et de la postérité des racines grecques, si précises en cette langue jeune et dès ses débuts soucieuse de clarté.

Notre langue française est, de fait, du latin qui a évolué et s'est enrichi d'apports et d'influences divers au cours des siècles. Or le grec n'a cessé d'apporter des éléments nouveaux, d'abord au latin lui-même, puis dans notre français, et ce jusqu'à notre temps.

Aux qualités propres à la langue il faut bien sûr

ajouter le rayonnement de la culture grecque, que ce soit par l'intermédiaire du latin, ou directement en français. Le fait est indéniable : nombre d'institutions de la culture grecque ont été adoptées et transposées soit en latin, soit directement en français. Prenons deux mots qui nous sont familiers aujourd'hui, comme « académie » ou « lycée ». En grec ancien, ces deux mots étaient des noms propres ; ils désignaient des lieux d'Athènes où choisirent de se réunir les philosophes ; au IVe siècle avant J.-C. Platon et ses disciples se retrouvaient dans les jardins du héros Académos, au nord-ouest d'Athènes, où était installé un gymnase ; et le nom d'Académie a d'abord été employé pour désigner ce groupe de philosophes – l'école de Platon, ses théories et sa doctrine. De même, le Lycée est le nom d'un quartier d'Athènes et du gymnase, sur les bords de l'Ilissos, où Aristote instruisait ses disciples. Le nom fut ensuite donné à l'école fondée par Aristote en 335 avant J.-C., et aux doctrines qu'on y professait. Or, « académie » et « lycée » sont des mots du français le plus courant : le mot « académie » désigne une société savante regroupant écrivains, poètes, artistes ou hommes de sciences, et le « lycée » est l'institution républicaine de l'enseignement public, qui n'a plus guère à voir avec Aristote ! Et si nous passons nos frontières, nous trouvons en Angleterre *the Academy*, en Allemagne *die Akademie*, en Italie *l'accademia* ainsi que le *liceo classico* ; et quand le « lycée » grec n'a pas eu le même destin qu'en France, il arrive que le *gymnasium* s'y substitue ; c'est encore du grec ! Et le français a, lui, le « gymnase » et la « gymnastique »...

Ce sont là des exemples emblématiques. Mais il est clair que le rayonnement de la culture grecque a joué de bien d'autres façons et a fourni bien d'autres créations qui furent définitivement adoptées dans notre langue. Parmi ces inventions grecques, nous avons déjà évoqué le beau mot de « démocratie » ; il est aujourd'hui dans toutes les bouches, dans tous les journaux, et les hommes politiques de tous les partis, dans la plupart des pays d'Europe, ne cessent de s'en réclamer. Or, nous l'avons vu, c'est une invention du Ve siècle grec ! Et de même le mot de « philosophie », l'un des plus beaux que nous ait légués la Grèce ! Nombreuses sont ces inventions de la culture athénienne qui ont eu un tel éclat qu'elles se sont aussitôt imposées en latin et, à travers le latin, dans beaucoup d'autres langues modernes dont le français.

Considérons le « théâtre », encore un mot grec, *theatron*, dérivé du verbe *theaomai*, « regarder, contempler », puis passé au latin *theatrum* : nous parlons couramment aujourd'hui de « comédie » (*kômôidia*) ou de « tragédie » (*tragôidia*) ; ces deux genres ont pris leur essor dans l'Athènes du Ve siècle avant J.-C., et ils durent encore, ainsi que leur nom. Et il en est de même du « mime » (*mimos*), de la « satire » (*saturos*) et de l'art « lyrique » (*lurikos*). Et de la « scène » (*skènè*), et

des places d'« orchestre » (en grec, l'*orchestra*
désigne le lieu, devant la scène, où le « chœur »
– encore un mot grec ! – évoluait), et du « pro-
gramme », et du « prologue » et de l'« épilogue »,
de la « péripétie » et du « protagoniste » : tous ces
mots sont des transpositions du grec, souvent par
le biais du latin. Et si notre mot « acteur » vient du
latin, le nom grec de l'acteur (*hupokritès*) nous a
laissé le mot « hypocrite » pour désigner « celui qui
joue un rôle » ailleurs que sur la scène.

Admettons que ce sont là des cas à part et des
emprunts qui doivent moins au développement de
la langue qu'à des circonstances historiques particulières. De fait, ces quelques exemples – qu'il
serait d'ailleurs aisé de multiplier –, sont peu de
chose à côté du nombre de mots qui se sont
imposés dès le latin classique, ont perduré jusque
dans le latin tardif, et ont survécu dans notre français. Il ne s'agit plus là d'une influence culturelle
ou d'une invention déterminée ; il s'agit d'emprunts au grec pour désigner soit des objets, soit
des disciplines ou des qualités morales que le grec
avait su exprimer avec précision, peut-être justement grâce à la facilité avec laquelle il créait
composés et dérivés, cernant sans cesse au plus
près les nuances de la pensée. En fait, ces emprunts
du latin passés au français s'étendent sur une
longue série de siècles, tout au long de l'histoire
du latin jusqu'au moment où il se confond avec les
langues romanes auxquelles il a donné naissance.
Ce fait se discerne aisément dans les dictionnaires

lorsqu'ils indiquent l'étymologie latine du mot français par exemple, en la faisant suivre de la mention du mot grec qui en est la vraie source. On découvre alors parfois que le mot en question est emprunté au « latin tardif » et non au « latin classique », voire au « latin médiéval », ce qui nous rapproche davantage encore du français ; parfois même, on trouve l'expression curieuse et amusante « vient du latin médical » ! Ce qui ne devrait pas nous surprendre : on sait que dans les disciplines scientifiques l'usage du latin s'est prolongé, et l'on se rappelle avec quelle aisance et quelle drôlerie les médecins de Molière se mettent à parler un latin qui est du Molière et destiné à faire rire ; car Molière, comme Aristophane, aime à parodier le pédantisme des cuistres, qui se traduisait alors par cet usage du latin émaillé de références à Aristote, si bien que des expressions techniques grecques courent encore dans ce « latin médical ».

C'est ainsi qu'entre le XVe et le XVIIe siècle, un grand nombre de mots grecs entrent dans le français par l'intermédiaire du latin. Nous donnerons ici quelques dates, mais il faut les considérer avec prudence : elles viennent des dictionnaires, mais reposent sur les attestations fournies par les textes. Or un mot peut être employé avant d'être ainsi attesté chez de bons auteurs ; et cela sans compter les erreurs possibles dans la transmission.

Pour apprécier cette entrée progressive et cette multiplication des emprunts faits au grec, nous prendrons l'exemple du vocabulaire médical. Ce choix n'est pas seulement inspiré par le latin des médecins de Molière, il est surtout dicté par le fait que toutes les disciplines techniques nous font assister à ce même mouvement de progression et de composition de mots à partir du grec ; mais la médecine a l'avantage que son vocabulaire n'est pas connu des seuls spécialistes qui font de cet art leur profession : chacun est, un jour ou l'autre, conduit à connaître ce vocabulaire parce qu'il éprouve la maladie ou doit avoir recours à certains remèdes. Par là, la médecine constitue, dans un monde où la science multiplie les progrès, un domaine privilégié et, du même coup, son vocabulaire un exemple privilégié.

Dès le XIIIᵉ siècle, époque où le français concurrence un latin encore très présent, certains mots grecs commencent à s'imposer au fur et à mesure que des connaissances précises se font jour. Voici la « pleurésie » qui apparaît au XIIIᵉ siècle, bientôt suivie de la « diarrhée » (entre XIIIᵉ et XVᵉ siècle). Puis le « phlegmon » surgit dans notre langue en 1538, tandis que le « rhume » du grec *rheuma*, « écoulement » (avec *rh-* car les mots grecs qui commençaient par la lettre *r-* comportaient une aspiration) ne fait son apparition officielle qu'au XVIIᵉ siècle, bien que des balbutiements l'aient laissé deviner dès le XIIIᵉ siècle. Sur le mot *rhis*, qui désigne le nez, est créé ensuite « rhinite », puis « rhinopharyngite » qui unit le nez au pharynx. Ce sont là des exemples pris presque au hasard et qui montrent comment s'enrichit un langage scientifique. Il y a d'ailleurs des doublets, car si la « pleu-rite » et la « pleurésie » sont grecques, la « congestion pulmonaire » est latine, et si la « diar-rhée » est purement grecque, la « colique » n'est grecque que par son intermédiaire latin, *colicus*. Quoi de surprenant ici ? La santé est romaine, mais l'hygiène, du nom de la déesse Hygie qui désigne la Santé, est grecque. Et si les Romains et les Grecs vénéraient les uns et les autres la divinité de l'amour – Vénus à Rome et Aphrodite à Athènes –, le français bénéficie de noms dérivés de l'un et l'autre noms propres, ce qui nous autoriserait presque à dire, en somme, que l'abus des aphrodi-siaques peut donner des maladies vénériennes ! En tout cas, la mode des mots grecs, plus précis, plus scientifiques, commence alors, on le voit, à se répandre dans notre français.

Toujours dans le domaine de la médecine, ces mots vont, à partir du XIXᵉ siècle, proliférer de façon stupéfiante. Le français a alors recours à des éléments grecs – préverbes, *a-* privatif ou autres éléments de composés – pour fabriquer des mots nouveaux. Le préfixe *dus-*, qui marque une idée de difficulté, entre dans la composition de mots comme « dyspepsie » ou « dyslexie » ; *a-* privatif est présent dans « aphasie » (*a + phèmi*, « la perte de la parole ») ou « arythmie » ; *sun-*, qui signifie « avec », dans « syndrome », et *peri-*, qui signifie « autour », dans « péricarde ». À l'imitation du grec, la langue savante n'hésite pas à grouper plu-sieurs radicaux pour rendre avec précision les nouvelles découvertes. Nous venons de mentionner le péricarde, composé sur le grec *kardia*, « cœur », pour désigner la membrane fibreuse qui entoure (*peri-*) le cœur et d'où partent les gros vaisseaux ; le XVIIe siècle créa sur ce terme l'adjectif dérivé « péricardique », vite tombé en désuétude. Au XIXe siècle, la « cardiologie » fait son apparition (1863) – c'est l'un de ces nombreux composés en *-logie* dénotant les activités intellectuelles relatives à un domaine du savoir. L'« électrocardiogramme » apparaît en 1903 : trois racines grecques sont mises à contribution pour signifier que l'on « met par écrit » (*gramma*), grâce à l'électricité (*elektron*), ce qui concerne le cœur (*kardia*). De même, le cerveau était désigné en grec par l'expression « ce qui est dans la tête » (*egkephalos*). On parlait déjà au XVIe siècle de « céphalée » pour évoquer les maux de tête, mais l'« encéphalite » n'apparaît qu'en 1803, l'« encéphalopathie » en 1839 et « encéphalogramme » et « encéphalographie » en 1937. Et tous ces mots nouveaux sont des mots grecs qui pénètrent notre vocabulaire quotidien. Après le « rhume », le « rhumatisme » – conçu comme la conséquence d'une fluxion, d'un amas de matière liquide – entre dans la langue en 1673, mais la « rhumatologie » n'est reconnue comme branche autonome de la médecine qu'en 1945. Et les mots savants en *-logie* s'étendent peu à peu à toutes les parties du corps, de l'« ophtalmologie » à la « podologie » en passant par l'« oncologie », l'étude des tumeurs (du grec *ogkos,* grosseur) ! Et si l'on s'intéresse à l'âme – *psychè* en grec –, on découvre dans le dictionnaire que les composés de *psychè* occupent plusieurs grandes pages, de « psychanalyse » à « psychotrope » en passant par « psychiatrie », « psychologie », « psychopathe », « psychosomatique », « psychothérapie », etc., pour se borner à quelques-uns des mots composés de *deux* mots grecs.

Nos médecins parlent donc tous un peu grec. Peut-être ne serait-il pas mauvais que, dans leur formation, un certain apprentissage du grec leur rende à eux-mêmes plus clair le sens des mots qu'ils emploient chaque jour !

La médecine constitue donc un exemple révélateur. Mais il ne faudrait pas se laisser impressionner par ce luxe de mots savants et en conclure que l'influence du grec se limite au monde scientifique. En fait, le grec a pénétré tout notre vocabulaire, et nos activités quotidiennes ne manquent pas de faire appel à lui. Nous avons déjà noté la facilité avec laquelle le français compose des noms savants en *-logie* ou en *-graphie*. Mais il faut y ajouter tous les composés à base de mots grecs et qui indiquent l'amitié (*philo-*) ou l'hostilité (*miso-*), la crainte (*phobo-*), la multiplicité (*poly-*), l'unicité (*mono-*)... Certains de ces éléments sont devenus si usuels et paraissent si naturels qu'ils servent à former des composés hybrides au hasard des circonstances. Ainsi l'on parle facilement de sentiments « russophiles » ou « anglophobes » (ou l'inverse !).

Curieux mélange, immédiatement compréhensible cependant, qui prouve bien la « francisation » du grec ! À partir du grec *tèle-*, qui signifie « loin, au loin », n'avons-nous pas créé « télégraphe » en 1792, « téléphone » en 1834, le mot et le système de communication se répandant à la fin du XIXᵉ siècle, « téléphérique » en 1923, « télévision », inventé par les scientifiques dès 1913 et dont l'usage se répand après la guerre de 1939-1945. Dès le début du XXᵉ siècle, on parle de « télécommande » et de « télécommunication », ce qui prouve que le premier élément, grec, est définitivement entré dans la langue ; la « télécopie » apparaît en 1973, le « télétravail » en 1978 et le « téléchargement » en 1985, la « téléchirurgie » – composé de trois mots grecs, *tèle* qui signifie loin, *cheir* qui désigne la main et *ergon* qui désigne l'ouvrage ! – en 1990...

Cette faculté de créer en français des mots à partir de bases grecques est donc tout à fait saisissante et indissociable des progrès scientifiques des deux derniers siècles. Il est possible qu'elle aille s'atténuant, puisque l'on constate aujourd'hui, par exemple chez les médecins, une tendance à donner aux maladies le nom de ceux qui les ont découvertes – maladie de Parkinson ou d'Alzheimer – ou à les désigner par des acronymes (encore un mot grec !) dont le décryptage (où l'on retrouve le verbe *kruptein*, « cacher ») n'est pas immédiat, comme sida. Mais il reste que les mots d'origine grecque, une fois entrés dans la langue, une fois

assimilés au point que la plupart des gens ne recon-
naissent même plus qu'on parle grec en français,
se trouvent faire partie de notre héritage linguistique. Le grec est, à jamais, présent dans notre
langue. C'est ainsi qu'aujourd'hui on cultive des
« produits *bio* », on « se nourrit *bio* » : le grec, ici,
reste tout seul. En ce début du XXIe siècle, sans le
savoir, nous vivons encore du grec...

En guise d'épilogue...

Comment pourrait-on achever ce petit livre sans évoquer l'Europe ? Car le nom « Europe » est un nom grec. C'est celui d'une jeune princesse qui fut aimée de Zeus. Elle joue avec ses compagnes sur la plage de Sidon quand Zeus s'enflamme d'amour pour sa beauté. Il prend alors la forme d'un taureau d'une éclatante blancheur, aux cornes semblables à un croissant de lune, et vient se coucher aux pieds de la jeune fille. D'abord effrayée, Europe bientôt s'enhardit, caresse l'animal et finit même par s'asseoir sur son dos. Aussitôt, le taureau se relève, s'élance et, malgré les cris de la jeune fille qui se cramponne à ses cornes, bondit vers la mer qu'il traverse jusqu'en Crète. Là-bas, il s'unit à Europe et lui donne trois fils : Minos, Rhadamanthe et Sarpédon. Zeus la maria ensuite au roi de Crète qui adopta ses fils et Europe reçut après sa mort des honneurs divins. Quant au taureau dont Zeus avait pris la forme, il devint une constellation et figure parmi les signes du Zodiaque.

Une aura grecque flotte donc autour du nom même de l'Europe. Et l'on oublie trop souvent que le mot « Europe » a d'abord – chez Hérodote ou Isocrate, par exemple – désigné la Grèce par opposition au royaume perse, puisque la frontière entre Grecs et Perses était presque la même qu'entre l'Europe et l'Asie.

Nous avons conclu notre dernier chapitre sur la constatation que le français vit du grec ; mais c'est l'Europe tout entière qui vit du grec ! La langue et la culture grecques créent un lien naturel entre les pays européens, un lien tolérant qui ne comporte ni mysticisme, ni exclusion, un lien ouvert à tous, comme l'était la vie à Athènes. Écoutons Paul Valéry :

« Toute race et toute terre qui a été successivement romanisée, christianisée, *et soumise quant à l'esprit à la discipline des Grecs*, est absolument européenne. »

Qu'il s'agisse de langue, de littérature ou d'art, l'héritage grec est non seulement un héritage commun à tous les peuples d'Europe, mais il en constitue le noyau initial et, nous irions volontiers jusqu'à dire, le levain. Comme nous l'avons fait dans ce petit livre à propos de la langue, Valéry met l'accent sur l'apport intellectuel de la Grèce qui est en effet fondamental.

Mais il ne faudrait pas oublier l'autre aspect : l'éclat, le splendide rayonnement des figures du mythe qui inspire encore aujourd'hui un Peter Handke ou un Edward Bond. Dans un très beau

texte, Marguerite Yourcenar suggère que la mytho-
logie grecque peut être considérée comme un premier essai de langage universel :

« Une génération assiste au sac de Rome, une
autre au siège de Paris ou à celui de Stalingrad,
une autre au pillage du Palais d'Été ; la prise de
Troie unifie en une seule image cette série d'instan-
tanés tragiques, foyer central d'un incendie qui fait
rage sur l'histoire, et la lamentation de toutes les
vieilles mères que la chronique n'a pas eu le temps
d'écouter crier trouve une voix dans la bouche
édentée d'Hécube[1]. »

Oui, la Grèce a offert les héros, les mythes, les
thèmes dont se sont nourries en Europe toutes les
littératures modernes ; elle nous les a offerts dans
leur essence même, en mettant l'accent sur « l'humaine condition », non sur les particularités de
l'homme privé. Ulysse incarne les aventures et les
souffrances de l'homme, Achille incarne son
héroïsme, et Pénélope ou Andromaque incarnent
la fidélité conjugale. Quand Pénélope retrouve
Ulysse à la fin de l'*Odyssée*, son émotion est dite
par une comparaison :

« Douce est la terre, aux naufragés dont Poséï-
don a fait sombrer le beau navire en haute mer,
sous l'assaut de la houle et du vent ; peu d'entre
eux peuvent échapper à la mer grise et nagent vers
le rivage : tout leur corps est ruisselant d'écume ;

---

1. Marguerite Yourcenar, *En pèlerin et en étranger*, Galli-
mard, 1989, p. 29.

joyeux, ils mettent pied sur la rive, échappés au malheur...

Aussi douce était pour elle la vue de son époux, et ses bras blancs ne pouvaient s'arracher à ce cou... »

Tout être humain qui retrouve un être cher peut ici se reconnaître ; la transparence est immédiate, et Pénélope aussitôt nous est proche, bien que les mots nous viennent de si loin...

Table

Jacqueline de Romilly
dans Le Livre de Poche

Dans le jardin des mots   n° 31016

À partir d'un mot qu'elle choisit, Jacqueline de Romilly
cherche à en préciser le sens, l'étymologie, ainsi que l'évolution qui, en fonction des changements de la société, des
découvertes scientifiques ou des réflexions des écrivains, a
chargé ce mot de nuances nouvelles. Ces promenades dans
le jardin des mots nous permettent de contempler l'un des
plus beaux paysages du monde, la langue française.

Laisse flotter les rubans   n° 14986

À condition de « laisser flotter les rubans » du souvenir,
notre mémoire nous ouvre un champ infini d'émotions et
de sentiments. Un mot d'un être cher, une rencontre qui
n'a pas eu de suite, un remords qui soudain vous assaille...
Ces infimes détails de la vie disent bien souvent, mieux
que les grands faits marquants, notre vérité et celle des
êtres qui nous entourent.

Pourquoi la Grèce ?   n° 13549

Pourquoi les textes de la Grèce antique, d'Homère à
Platon, continuent-ils d'influencer toute la culture euro-

péenne ? Quelle qualité unique cet héritage si divers recèle-t-il, qui justifie une présence aussi vivace au cours des siècles ? À ces questions, la grande helléniste donne ici sa réponse.

Les Roses de la solitude   n° 30950

« Ce livre est fait de souvenirs et de rêveries : il évoque des objets familiers dont chacun porte la trace de ce qui fut ma vie. D'ordinaire, on les voit à peine. Parfois, à l'occasion de n'importe quoi et d'un simple instant d'attention, on retrouve un peu des souvenirs qui, avec les années, s'y sont attachés. C'est une expérience très simple et très singulière. J'ai voulu tenter de la décrire. »

Le Sourire innombrable   n° 31563

En quatre chapitres, alternant souvenirs et réflexions, sur le ton charmant de la conversation qu'elle a aujourd'hui avec ses lecteurs, comme elle l'avait jadis avec ses élèves, Jacqueline de Romilly nous raconte les « histoires drôles » de sa vie.

Sous des dehors si calmes   n° 30057

« Dans les récits qui suivent, une femme dit « je », et ce n'est pas moi ; c'est une certaine Anne, qui évoque des moments passés dans sa maison du Lubéron... Peut-être y a-t-il des ressemblances. Pourtant, non, ce n'est pas moi. Alors, qui est-elle ? »

Entre un savoir précis et l'oubli total, il y a bien des degrés. Nos souvenirs peuvent être partiels, flous, incertains : pourtant nous sentons bien qu'ils sont présents en nous. Ils ont laissé des traces et constituent pour l'esprit des repères intellectuels, mais aussi affectifs ou moraux. Aller à la rencontre de ces savoirs enfuis ne s'apparenterait-il pas à une sorte de « psychanalyse du bien » ?

Une certaine idée de la Grèce   nº 30528
(avec Alexandre Grandazzi)

L'Europe et la culture occidentale sont nées, il y a un peu plus de 2 400 ans, au moment où un petit pays a inventé, presque d'un seul coup, la littérature, l'art, la philosophie et la politique : c'est cela le miracle grec. Qui ne souhaiterait pouvoir disposer, avec un seul ouvrage, surtout s'il est de lecture facile et agréable, de ce qui fait l'essentiel du message de cette Grèce antique ?

Des mêmes auteurs :
(bibliographie choisie)

Ouvrages de Jacqueline de Romilly

Aux éditions Les Belles Lettres

Thucydide, édition et traduction, en collaboration avec L. Bodin et R. Weil, 5 vol., 1953-1972

Thucydide et l'impérialisme athénien, La pensée de l'historien et la genèse de l'œuvre, 1947 ; 1961 (épuisé en français)

Histoire et raison chez Thucydide, 1956, 3ᵉ éd. 2005

La Crainte et l'Angoisse dans le théâtre d'Eschyle, 1958, 2ᵉ éd. 1971

L'Évolution du pathétique, d'Eschyle à Euripide, (PUF, 1961), rééd. 2000

La Loi dans la pensée grecque, des origines à Aristote, 1971 ; rééd. 2002

La Douceur dans la pensée grecque, 1979

« Patience, mon cœur ! », L'essor de la psychologie dans la littérature grecque classique, 1984 ; 2ᵉ éd. 1991

Tragédies grecques au fil des ans, 1995 ; rééd. 2007

Aux éditions Hermann

Problèmes de la démocratie grecque, 1975 ; rééd. 2006

Aux Presses Universitaires de France

La Modernité d'Euripide, 1986

Homère, coll. Que sais-je ?, 1985 ; 5ᵉ éd. 2005

La Tragédie grecque, 2006

Précis de littérature grecque, 2007

Aux éditions Vrin

LE TEMPS DANS LA TRAGÉDIE GRECQUE, 1971 ; 2ᵉ éd. 1995

Aux éditions Julliard

LA CONSTRUCTION DE LA VÉRITÉ CHEZ THUCYDIDE, 1999

Aux éditions ENS, rue d'Ulm

L'INVENTION DE L'HISTOIRE POLITIQUE CHEZ THUCYDIDE, préface de Monique Trédé, 2005

Aux éditions de Fallois

LES GRANDS SOPHISTES DANS l'ATHÈNES DE PÉRICLÈS, 1988
LA GRÈCE À LA DÉCOUVERTE DE LA LIBERTÉ, 1989
DISCOURS DE RÉCEPTION À L'ACADÉMIE FRANÇAISE ET RÉPONSE DE M. ALAIN PEYREFITTE, 1989
OUVERTURE À CŒUR, roman, 1990
ÉCRITS SUR L'ENSEIGNEMENT, 1991
POURQUOI LA GRÈCE ?, 1992
LES ŒUFS DE PÂQUES, nouvelles, 1993
LETTRE AUX PARENTS SUR LES CHOIX SCOLAIRES, 1993
RENCONTRES AVEC LA GRÈCE ANTIQUE, 1995
ALCIBIADE OU LES DANGERS DE L'AMBITION, 1995
HECTOR, 1997
LE TRÉSOR DES SAVOIRS OUBLIÉS, 1998
LAISSE FLOTTER LES RUBANS, nouvelles, 1999
LA GRÈCE ANTIQUE CONTRE LA VIOLENCE, 2000
SUR LES CHEMINS DE SAINTE-VICTOIRE (Julliard, 1987), rééd. 2002
SOUS DES DEHORS SI CALMES, nouvelles, 2002
UNE CERTAINE IDÉE DE LA GRÈCE, entretiens avec Alexandre Grandazzi, 2003
L'ÉLAN DÉMOCRATIQUE DANS L'ATHÈNES ANCIENNE, 2005
DANS LE JARDIN DES MOTS, 2007
LE SOURIRE INNOMBRABLE, 2008

OUVRAGES DE MONIQUE TRÉDÉ

KAIROS, L'À-PROPOS ET L'OCCASION (le mot et la notion d'Homère à la fin du IVe siècle avant J.-C.), Études et commentaires, Klincksieck, 1992

LA LITTÉRATURE GRECQUE D'HOMÈRE À ARISTOTE et LA LITTÉRATURE GRECQUE D'ALEXANDRE À JUSTINIEN, en collaboration avec S. Saïd, coll. Que sais-je ?, PUF, 1990

Platon, LE BANQUET, introduction et notes à la traduction de P. Jaccottet, et PROTAGORAS, traduction nouvelle, Le Livre de Poche, 1991 et 1993

Euripide, THÉÂTRE COMPLET, t. I, traduction nouvelle, Le Livre de Poche, 2000

HISTOIRE DE LA LITTÉRATURE GRECQUE, PUF, 2003

 **www.livredepoche.com**

- le **catalogue** en ligne et les dernières
  parutions
- des **suggestions de lecture** par des libraires
- une **actualité éditoriale permanente** :
  interviews d'auteurs, extraits audio et vidéo,
  dépêches…
- **votre carnet de lecture** personnalisable
- des **espaces professionnels** dédiés
  aux journalistes, aux enseignants
  et aux documentalistes

Composition réalisée par NORD COMPO

———————

Achevé d'imprimer en décembre 2009, en France sur Presse Offset par
Maury-Imprimeur - 45330 Malesherbes
N° d'imprimeur : 152218
Dépôt légal 1re publication : janvier 2010
LIBRAIRIE GÉNÉRALE FRANÇAISE - 31, rue de Fleurus - 75278 Paris Cedex 06

31/2912/9